滄海叢刊 史地類

三國典略輯校

(唐)丘悅 撰

杜德橋
(Glen Dudbridge) 輯校
趙 超

東大圖書公司

國家圖書館出版品預行編目資料

三國典略輯校／（唐）丘悅撰：杜德橋（Clen Dudbridge），趙超輯校.--初版.--臺北市：東大，民87
面；　　公分.--（滄海叢刊）
參考書目：面
ISBN 957-19-2253-6（精裝）
ISBN 957-19-2254-4（平裝）

1.三國典略　2.中國-歷史-年表

610.2　　87013694

網際網路位址　http://www.sanmin.com.tw

撰　者　(唐)丘悅
輯校者　杜德橋 (Glen Dudbridge)
　　　　趙　超
發行人　劉仲文
著作財產權人　東大圖書股份有限公司
　　　　臺北市復興北路三八六號
發行所　東大圖書股份有限公司
　　　　地　址／臺北市復興北路三八六號
　　　　電　話／二五〇〇六六〇〇
　　　　郵　撥／〇一〇七一七五──〇號
印刷所　東大圖書股份有限公司
總經銷　三民書局股份有限公司
門市部　復北店／臺北市復興北路三八六號
　　　　重南店／臺北市重慶南路一段六十一號
初　版　中華民國八十七年十一月
編　號　E 62052
基本定價　肆元陸角
行政院新聞局登記證局版臺業字第〇一九七號

ISBN 957-19-2254-4（平裝）

三國典略輯校

目　次

Sanguo dian lüe

by Qiu Yue

Edited by Glen Dudbridge and Zhao Chao

The lost work partially reconstructed in this volume presented a history of the events in sixth-century China which led to the establishment of a unified empire under the Sui. Its author Qiu Yue, who died in 715 or later, held high positions as preceptor to the Crown Prince and scholar in the imperial college Zhaowen guan. His history of the closing period of the Northern and Southern Dynasties appears in imperial bibliographies of the Song period, from which it is clear that the work's original thirty chapters were at some point reduced to twenty, with the loss of the last ten chapters.

A bibliographical entry in ***Chong wen zong mu*** defines the scope of the original work in geopolitical and historical terms: the three kingdoms of its title were those associated through time with the north-west, the north-east and the south, and its chronology extended from the Western Wei (534) to the end of the Later Zhou (580).

Although this work has been lost to transmission since the Song, we have still been able to find copious fragments of its text in compilations of that time—particularly ***Taiping yu lan*** and ***Taiping guang ji***—while from the critical notes in Sima Guang's ***Zi zhi tong jian kao yi*** we have gained much information about the organization of the original text and the likely use made of it by Sima Guang in compiling his own history of that period. This material clearly confirms the testimony of early bibliographies that ***Sanguo dian lüe*** was composed in chronological form.

The surviving textual fragments are systematically transcribed and critically edited in the present volume, which restores the original chronological framework by assigning a date (where possible) to each fragment. All parallel passages in the standard dynastic histories have been identified and where useful have been textually collated with the ***Sanguo dian lüe***; in some cases they are quoted verbatim.

The resulting edition restores only a modest portion, perhaps a tenth, of the original work, but this is certainly enough to reveal many features of interest to historians. It emerges that while in the 980s the compilers of ***Taiping yu lan*** and ***Taiping guang ji*** had access to the full 30-chapter text, Sima Guang ninety years later seems to have had only the 20-chapter version.

What now survives of the ***Sanguo dian lüe*** reveals a distinctive perception of dynastic legitimacy—for the work adopts the Tang state's view that dynastic authority passed into its hands through the Northern Wei, Western Wei, Northern Zhou and Sui, not through the dynasties of the south. (Sima Guang would adopt a radically different scheme, giving legitimacy to the ethnically Han dynasties in the south.) To some extent the remaining text gives an account of events not fully covered in other transmitted sources, disclosing concealments and silences in the dynastic record. It gives a larger role to religious and divinatory practices in political affairs than the dynastic histories would allow. All these aspects are explored in the introduction to the present volume.

《三國典略》佚文輯錄校勘體例

1.引書、佚文摘錄方法

本書佚文摘引自《太平御覽》、《資治通鑑考異》、《太平廣記》、《新編分門古今類事》、《歷代名畫記》、《酉陽雜俎》、《事物紀原》以及《北齊書》等古代類書與專著。除《資治通鑑考異》外，其他佚文均直接摘自原書正文中，採用大字排印。每條佚文以上注明摘引書名、卷數、頁數，所據書籍版本見引書目錄。在摘錄中我們還查閱了大量唐、宋時期和其他時期的類書、考證文章及有關著作，如《白孔六帖》、《冊府元龜》等，因沒有發現與《三國典略》有關的材料，就不在此一一列舉了。

《資治通鑑考異》中涉及的《三國典略》佚文內容形式不一，有些條中引錄了《三國典略》原文，有些條中僅就個別詞語作出引證評校，有些條則注明「從《典略》」，即在《資治通鑑》的正文中選擇了《三國典略》的說法。後兩種形式，我們可以看作《資治通鑑》的有關文字與《三國典略》原文近同。但由於《資治通鑑考異》未注明原考證內容的首尾，所以難以斷定《三國典略》與《資治通鑑》近同的文字具體有多少。因此，摘錄時以《資治通鑑考異》為主，《資治通鑑》的正文中只摘取與《三國典略》有關的一段或一句，僅供參考。這些引文為了與《三國典略》的原文區分開，均採用小字排印。引文中引及的《三國典略》原文採用大字。

2. 佚文校勘及標點方法

摘自各書的引文中，存在著文字訛誤、脫落、增衍等問題，以《太平御覽》中較爲突出。因此，在輯佚過程中，我們做了一定的校勘工作，對引文中存在的問題，均在原文中加以注明與改正。凡屬原文中的錯字需加以改正的，均在原文後的（　）中改正。凡屬原文中脫字需補入的，均在原文後的［　］中補入。另外，有關內容又見於《北齊書》、《周書》、《北史》、《梁書》、《陳書》、《南史》等史載中的，均參照正史做了校對，將明顯不同的文字於附注中予以說明。引用文獻均在書名後注明卷數、頁數，有關版本見引書目錄。引文中的異體字，除現在仍然使用者外，均改爲通用的標準字體。對原文中沒有標點或無新式標點者，均改用新式標點重新點校。人名、地名、年號等下面保留了標示的橫線符號。

3. 原文次序的擬定方法

《三國典略》應該是一部按照年代順序記事的編年體史書。《資治通鑑》在一定程度上反映了《三國典略》的原來體制。因此，我們嘗試仿照《資治通鑑》的形式，按年代順序，將《三國典略》的佚文依次加以排列。其形式如下：

能夠通過各種史書確定佚文所記事件的年、月、日，而且《資治通鑑》中又有相應的記載的，參照《資治通鑑》的記事年、月、日確定該佚文的所在位置，排入這一年的相應月、日下。

《資治通鑑考異》記載的《三國典略》文字中與《資治通鑑》記錄時間不同的，採用《三國典略》的時間，以保證符合《三國典略》的原貌。

記錄人物事跡而不是歷史事件的佚文，一般按所記人物的卒年爲準，收入這一年中，排在記錄事件的佚文後面，《資治通鑑》及其他史書中記有該人物去世具體月、日的，以此月、日爲準。唐代其他的編年體史書，如許嵩的《建康實錄》第一至第十卷，也採用這種體例。這不一定能完全符合《三國典略》的原貌，只是在沒有其他旁證的情況採取的權宜之計。

有些人物事件無法確定其準確年代，但可以參照史籍擬定一個所在時間範圍，如北周保定元年至保定四年之間［561～564］等。我們就暫時將其排入這個時間範圍開始的一年內，如上例即排入保定元年［561］內，以供參考。

全書記事的時間範圍，參照《崇文總目》「起西魏，終北周」的說法，以西魏、北周的紀年爲敍事標準。自《資治通鑑考異》中首先出現引用《三國典略》的北魏永熙三年［534］開始，於現有佚文中屬北周的最晚一條所在年大象元年［579］結束。

有部份佚文無法確定原來記入的年代，文中的人物又卒於北周以後，現只好暫依其卒年置於隋代各年中，這不一定符合《三國典略》的原貌，故將其列爲附錄一，置於正文之後。

史籍中缺乏相同記載，又無法確定其準確年代的佚文，統一收集於後，作爲附錄二。

由於晉人魚豢也著有一部《典略》，亦久佚失，後代類書引錄時，往往把它與唐代丘悅的《三國典略》混爲一談。《太平御覽》等書的《三國典略》（或作《典略》）引文中也混雜有一些魚豢的《典略》佚文。我們可以根據其所記事件人物的時代而將它們區分出來。這部份魚豢的《典略》佚文，我們也將它們輯錄在後，作爲附錄三，以供參考。

《三國典略》概論

一、有關丘悅和《三國典略》的探討

《新唐書・藝文志》中記載:「丘悅《三國典略》三十卷」。❶

《三國典略》的作者丘悅，在《舊唐書・文苑傳中》列有傳記。全文爲:「丘悅者，河南陸渾人也。亦有學業。景龍中，爲相王府掾，與文學韋利器、典籤裴耀卿俱爲王府直學士。睿宗在藩甚重之，官至岐王傅。開元初卒。撰《三國典略》三十卷，行於世。」❷《新唐書》中記載丘悅的事跡就更爲簡略，僅有「悅，河南人。亦善論譔，仕至岐王傅」一句。❸

在兩《唐書》其他人的傳記中，涉及到丘悅的材料也不多。所見有:《新唐書・裴耀卿傳》:「裴耀卿字煥之，寧州刺史守眞次子也。數歲能屬文，擢童子舉。稍遷秘書省正字、相王府典籤，與掾丘悅、文學韋利器更直，備顧問，府中號『學直』。」《舊唐書・裴耀卿傳》與之相近同。❹又《新唐書・員半千傳》:「使吐蕃，將行，武后曰:『久聞爾名，謂爲古人，乃在朝邪！境外事不足行，宜留待制。』即詔入閣供

---

❶《新唐書》58/1466。

❷《舊唐書》190中/5015。

❸《新唐書》112/4163。

❹《新唐書》127/4452，《舊唐書》98/3079～80。

奉。遷司賓寺主簿。稍與丘悅、王劇、石抱忠同爲弘文館直學士。」❺

從以上引文中可以看出，丘悅在文學上的地位是較高的。他一直以文學侍從的身分爲帝王服務，掌握王府文書檔案。唐睿宗李旦還是相王時，丘悅就在相王府中執事。武周神龍二年樹立的〈昇仙太子碑〉，是相王府中官員參與刊造的，碑陰刻寫了有關官員的職銜與姓名。其中就有「朝議大夫行安國相［王］府記室參軍事丘悅。」❻可以證明有關文獻記載。

丘悅去世的時間，可確定在開元三年［715］以後。《金石續編》六卷收有〈韋利器造像銘〉，也就是《唐文續拾》中收入的〈大彌陀等身像贊〉。❼銘中稱：「大彌陀等身像贊一鋪，銀青光祿大夫昭文館學士［丘］悅贊［......］大唐開元三年歲次乙卯八月十日小子利涉書。」

同時，開元初年唐玄宗曾命道觀主史崇等人與昭文館、崇文館兩館學士共同討論道教義旨，編寫《一切道經音義》。書成後，史崇寫了一篇〈妙門因成序〉，敍及著書經過及道教常識，提到的參與著書討論的官員中，就有「銀青光祿大夫行太子右諭德昭文館學士兼宋王侍讀上柱國臣丘悅。」❽二者均可證明丘悅至開元三年還在人世。

丘悅曾爲皇宮儀禮撰寫樂章。《舊唐書・音樂志》載：「皇帝行用《太和》，黃鍾宮，左諭德、昭文館學士邱說(丘悅)撰。」❾又《全唐詩》九十四卷收有「丘悅儀坤廟樂章一首。」❿這些應制作品，正是昭文館學士的本職。《新唐書・百官志二》云：「弘文館，學士，掌詳正

❺《新唐書》112/4162。

❻《金石萃編》63/3a。

❼《金石續編》6/8a；《唐文續拾》3/6a。

❽《道藏》第760冊，哈佛燕京學社編《道藏子目引得》第1115號，第4b頁。

❾《舊唐書》31/1140。

❿《全唐詩》94/1019。

圖籍，教授生徒，朝廷制度沿革、禮儀輕重，皆參議焉。武德四年，置修文館于門下省；九年，改曰弘文館。[......] 神龍元年，改弘文館曰昭文館，以避孝敬皇帝之名；二年曰修文館。[......] 景雲中，減其員數，復爲昭文館。開元七年曰弘文館。」⓫由此可見，現存的丘悅史料，均是開元七年以前的情況，可能丘悅即卒於開元七年[719]以前。

《舊唐書·經籍志》與《新唐書·藝文志》中，都收有《丘悅集》十卷。⓬但早已亡佚不存。

另外，還應該討論一下丘悅的籍貫地望。《舊唐書》稱：「河南陸渾人」，而《元和姓纂》作：「齊太公封于營丘，支孫以地爲姓，世居扶風。[......] 漢平帝時丘俊持節安撫江、淮。屬王莽簒位，後俊遂留江左，居吳興。[......] 宋西鄉侯丘道讓亦俊後，七代孫悅，岐王傅，昭文學。」⓭由此而知丘悅爲吳興人。《元和姓纂》同時記錄了河南丘氏，稱：「河南後魏獻帝七分國人，以弟豆直折爲邱敦氏，封臨淮王，孝文改爲丘氏，折生堆，[......]生和，唐左衛大將軍譚國公，生師利、行本、行恭、孝恭 [......]。」可見河南丘氏是鮮卑之後，唐初著名的武將丘行恭、丘神勣等人都屬於這一支。與丘悅並非同一族氏。《元和姓纂》是根據唐代的各大族姓譜牒編寫而成的，可靠性較大。《舊唐書》稱「河南陸渾人」，可能是受了初唐時丘行恭等人顯赫名聲的影響，誤將丘悅附入他們一支了。

在宋代以來的書籍目錄中，對《三國典略》一書有著不同的記錄與分類、評述。主要的有：

《新唐書·藝文志二》：「丘悅《三國典略》三十卷。[......] 右雜

⓫《新唐書》47/1209。

⓬《舊唐書》47/2076；《新唐書》60/1601。

⓭《元和姓纂四校記》5/29a。

史類八十八家，一百七部，一千八百二十八卷。」⓮

《崇文總目》:「《三國典略》三十卷　唐汾州司戶參軍丘悅撰。以關中、鄴都、江南爲三國。起西魏，終後周，而東包魏、北齊，南總梁、陳。凡三十篇，今卷第多遺，自二十一以下卷闕。」⓯

《通志·藝文志三》:「《三國典略》二十卷。唐丘悅撰，以關中、鄴都、江南爲三國，紀南北朝事。[......]右[......]凡編年十五種。」⓰

《中興館閣書目》:「三國典略　二十卷。唐汾州司戶參軍邱悅撰。自元魏分而爲東西，西魏都關中，後周因之，東魏都鄴，北齊因之，梁、陳則皆都江左。悅之書首標西魏元，而敍宇文泰。」⓱(以下再引《崇文總目》所述。)

《宋史·藝文志二》:「丘悅《三國典略》二十卷［......］右編年類一百五十一部，一萬五百七十五卷。」⓲

根據《舊唐書·丘悅傳》和《崇文總目》的記載，《三國典略》原爲三十卷是可以確定的。宋代其他的書目中皆記爲二十卷，大概原因是《崇文總目》所說:「自二十一以下卷闕」。《崇文總目》在仁宗景祐元年(1034)開始撰修，《三國典略》二十一卷以下的內容似是在此以前亡佚的。通過《資治通鑑考異》中引證《三國典略》內容的分析，我們也可以得出一個旁證。

在《資治通鑑考異》中最先提到唐代丘悅《三國典略》一書的地方，是《資治通鑑》卷一五六，梁中大通六年(即北魏永熙三年，在西

⓮《新唐書》58/1466，1469。

⓯《崇文總目》3/7b～8a。

⓰《通志》65/773a。

⓱《玉海》47/10ab所引。

⓲《宋史》203/5088、5093。

魏立國前一年，534)六月，「魏主密詔丞相歡」以下。而最後一處提到《三國典略》的地方，是陳天嘉四年(即北周保定三年，563)「周人欲與突厥木杆可汗連兵伐齊」一條下面。在這以後，《資治通鑑考異》引用的對校書目中再也沒有見到《三國典略》，說明當時所能見到的《三國典略》就到保定三年以後爲止。這顯然不是《三國典略》的全本，它沒有記錄完北周的歷史，與「終後周」的說法不符。不言而喻，它只能是遺失了後面十卷的二十卷本。這可以從以下的推算中予以說明。

按「起西魏，終後周」的說法，從《資治通鑑考異》最早引用《三國典略》的西魏立國前一年［534］至北周滅亡［581］之間共計48年。而從534年至《資治通鑑考異》最終一處引用《三國典略》的563年之間共計30年。如果依照一般史書內容推論，二十卷本只占三十卷本內容的三分之二，其包容的歷史年代也大致爲三十卷本包容年代的三分之二。那麼，三十卷本包容年代的三分之二應該是 $48\times\frac{2}{3}=32$年，與30年僅差二年。再考慮到有可能《資治通鑑考異》在563年後的一兩年記錄中無須提起《三國典略》，則《考異》中引用的《三國典略》卷數就與二十卷本基本一致了。

但是，在《太平御覽》收錄的《三國典略》內容中，卻包含有大量北周末年的史實。有些人物的事跡，如果按照《三國典略》敍及人物履歷的慣例，放在該人物去世的一年中記錄的話，就要排入隋代開皇年間去了。當然，這些人物事跡也可能是附在其他更早的年代中，然而這些人物活動的時間也要到北周晚期了。這些都說明《太平御覽》引用的《三國典略》可能是較完整的三十卷本。

那麼，會不會是從中間脫佚十卷呢？從我們現在排定的《三國典略》現存內容中來看，從西魏初至北周末的絕大部分年代內都有《太平御覽》引用的《三國典略》佚文。顯然也不存在中間脫佚的情況。

由此看來，《太平御覽》所據並沒有像《崇文總目》、《資治通鑑》編寫時代各本《三國典略》的不完整情況。⑲

《三國典略》是一部記錄南北朝末期歷史的史書，但它又是屬於那一種類型的史書呢？由於這個問題關係到恢復《三國典略》本來面貌的體例，有必要在此深入地討論一下。

宋代書目中，對《三國典略》的分類有兩種情況，一種是歸入雜史類，一種是歸入編年類。這二者看似矛盾，實際上是由於唐、宋史家採用了不同的分類編排標準，才造成了這種不同。根據史書中有關書目收錄各種書籍的情況，加以分析，我們推測，造成這種矛盾的分類標準，可能不是根據史書的記事方式，而是根據它的記事內容和選材情況等來決定其分類的。不同的標準，將同一類型的書分入了兩種門類，這在書目中並不罕見。

我們看一下首先對史書細分小類的《隋書·經籍志》的標準，志中稱：「魏氏代漢，采掇遺亡，藏在秘書中外三閣。魏秘書郎鄭默，始制《中經》，秘書監荀勖，又因《中經》，更著《新簿》，分爲四部，總括群書。一曰甲部，紀六藝及小學等書；二曰乙部，有古諸子家、近世子家、兵書、兵家、術數；三曰丙部，有史記、舊事、皇覽簿、雜事；四曰丁部，有詩賦、圖讚、《汲冢書》。」⑳可以看到，魏朝還沒有出現編年、雜史的分類。這一分類是隋代提出的。《隋書·經籍志》中把史書分成了正史、古史、雜史、霸史、起居注、舊事、職官、儀注、刑法、雜傳、地理、譜系、簿錄等十三類。其中古史一類，「多依《春秋》之體」，「其著書皆編年相次，文意大似《春秋經》。諸所記事，多

---

⑲據曹家琪〈資治通鑑編修考〉，宋熙寧四年爲司馬光領導下編寫〈梁紀〉、〈陳紀〉工作開始的年限。見《文史》第五輯，80～82頁。

⑳《隋書》32/906。

與《春秋》、《左氏》扶同。」㉑這實際上就是編年體，所以《舊唐書·經籍志上》稱：「乙部爲史，其類十有三：一曰正史，以紀紀傳表志。二曰古史，以紀編年繫事。三曰雜史，以紀異體雜紀。四曰霸史，以紀僞朝國史。[……]」㉒(由於以下類型與我們的討論無關，故不具引。)而《新唐書·藝文志二》云：「乙部史錄，其類十三：一曰正史類，二曰編年類，三曰僞史類，四曰雜史類，五曰起居注類[……]」，㉓把古史類明確改爲編年類。而雜史和霸史(僞史)這兩類，《隋書》、《舊唐書》都沒有明確指出它們的記事方式上的特點，而只是講了它們記錄內容上的特點，雜史是記錄了各類雜碎史實、怪異傳聞。霸史(僞史)是割據一方的小國歷史。尤其是《隋書·經籍志》上說：「非史策之正也。靈、獻之世，天下大亂，史官失其常守，博達之士，愍其廢絕，各記聞見，以備遺亡。是後群才景慕，作者甚衆。又自後漢已來，學者多鈔撮舊史，自爲一書，或起自人皇，或斷之近代，亦各其志，而體制不經。又有委巷之說，迂怪妄誕，眞虛莫測。然其大抵皆帝王之事，通人君子，必博采廣覽，以酌其要，故備而存之，謂之雜史。」㉔《史通·書事篇》中亦云：「自魏、晉已降，著述多門，《語林》、《笑林》、《世說》、《俗說》，皆喜載調謔小辯，嗤鄙異聞，雖爲有識所譏，頗爲無知所說，而斯風一扇，國史多同。」㉕通過以上議論，我們可以得出這樣一個印象，唐、宋史家把內容中帶有較多傳說和神異成分的史書及記錄了較多具體事件過程的史書都歸入了雜史一類。

㉑《隋書》33/959。

㉒《舊唐書》46/1963。

㉓《新唐書》58/1453。

㉔《隋書》33/962。

㉕《史通通釋》8/231。

但是，雜史一類的書在編寫方式上，可能有些仍舊採用了編年記述的方法，這也是古代中國記錄史料最基本的方法。從現存的戰國古史《竹書紀年》、雲夢睡虎地秦簡《大事紀》等都反映出編年記事普遍採用的方法。特別是《宋史・藝文志二》中將尙存的史書作了重新編類，不僅將《三國典略》歸入編年類，而且把《新唐書・藝文志》歸入雜史的皇甫謐《帝王世紀》、歸入起居注類的溫大雅《大唐創業起居注》等都歸入了編年類。說明這些著作在其編寫體例上，肯定有編年體的特點。

我們可以參考一下現在仍保存有原貌的《大唐創業起居注》的例證,這也是唯一的一種古代帝王起居注。

義寧元年冬十一月甲子，少帝以帝爲丞相，進封唐王。己卯，以隴西公爲唐王世子。㉖

由此可見，它是以事繫日，以日月順序編列，符合編年體的基本程式。《宋史・藝文志》把它歸入編年類，顯然是有根據的，這根據可能就是這種文體程式。

唐代著名的歷史學理論家劉知幾(劉子玄，字知幾，以字行)，特別強調編年體史書的重要性，指出紀傳體史書與編年體史書不可偏廢。他在其寫作的重要歷史學理論著作《史通》一書中，把《史記》作爲紀傳體史書的代表，把《春秋》作爲編年體史書的代表，總結出編年體史書的特點是：

㉖《大唐創業起居注》3/1a。

夫《春秋》者，繫日月而爲次，列時歲以相續，中國外夷，同年共世，莫不備載其事，形於目前。理盡一言，語無重出。此其所以爲長也。㉗

由此看來，《三國典略》也應該具備這種特點，特別是具有「繫日月而爲次，列時歲以相續」的特點。

幸運的是，雖然《太平御覽》等書中摘引《三國典略》中的文句時是出自自己的需要，一般不保留年、月等原文的全部原貌，但是還殘存下了一些帶有紀年的詞條，可以看出它們反映的《三國典略》的本來文體形式。例如：

《太平御覽》942/1a：「周天和元年夏，齊冀州人於蚌蛤中得瑤環一雙。」

《太平御覽》949/3a：「周天和二年，齊武安妖人與其徒僞云盲聾，因飲泉水下得金佛，其疾並愈，於是遠近信之，男女霧集。水中有老黃蝦蟆，全如金色，乍出乍沒。齊武成及百官已下莫不飲之。」

《太平御覽》942/5b：「周永定元年夏四月，齊主禁取蟹蛤之類，唯許私家捕魚。」

這些文句都是嚴格遵循著編年體史書的格式，把事件記錄在統一的年、月、日順序之下。它們可以說是將《三國典略》編入編年類史書的原始實證。

此外，從《三國典略》一書的定名上，也可以看出它具有編年體史書的特徵。

《史通》中歸納道：「至［漢］孝獻帝，始命荀悅撮其書爲編年體，

㉗《史通通釋》2/27。

依《左傳》著《漢紀》三十篇，自是每代國史，皆有斯作，起自後漢，至於高齊。如張璠、孫盛、干寶、徐賈、裴子野、吳均、何之元、王邵等，其所著書，或謂之春秋，或謂之紀，或謂之略，或謂之典，或謂之志。雖名各異，大抵皆依《左傳》以爲的準焉。」㉘

這些「春秋」、「紀」、「略」、「典」、「志」的稱呼，在記錄南北朝時期的史書中，基本上都是編年類史書專用的。在《隋書·經籍志二》內收錄的有關西魏至北周這一時期歷史的史書中，歸入古史類(編年類)的書有：

「《梁典》三十卷　劉璠撰，《梁典》三十卷　陳始興王諮議何之元撰，《梁撮要》三十卷　陳征南諮議陰僧仁撰，《梁後略》十卷　姚勖撰，《梁太清紀》十卷　梁長沙藩王蕭韶撰，《淮海亂離志》四卷　蕭世怡撰，[……]《齊紀》三十卷[……]崔子發撰，《齊志》十卷[……]王邵撰。」㉙正反映了這一點。「典」、「略」都正是編年體史書在這一階段慣用的名稱。

宋高似孫《史略》中認爲：「典之爲書，亦幾於紀事省而辭約者也。」㉚略也是記事簡要有序的意思。這也正是編年體史書的特點。「必也正名乎。名不正則言不順。」這是孔子在《論語》中提出的首先任務，也是中國古代知識分子特別注重的問題。名義限定了內容，給書起甚麼樣的名字更是由其內容和文體所決定的。這樣，我們從《三國典略》這一名稱上，不也能看出它具有編年體史書的特徵嗎？

我們再來看一看《資治通鑑》和《資治通鑑考異》中反映出來的情況。

㉘《史通通釋》1/11。
㉙《隋書》33/958。
㉚《史略》4/1b。

北宋司馬光著《資治通鑑》是中國歷史上第一部規模宏大，體例嚴謹的編年體史書。所有史料均依照年代、日月順序編排敍述。在它的編寫中，充分參考了當時所能見到的各種史書，並且摘要選錄，融爲一體。通過《資治通鑑考異》與《太平御覽》中的《三國典略》佚文，我們可以知道，《資治通鑑》中參考並吸收了大量《三國典略》的內容。例如：《資治通鑑》160/4969，梁太清元年十二月「開府儀同三司段韶夾渦而軍，潛於上風縱火，景帥騎入水，出而卻走，草濕，火不復然。」這一段記載，就不見於《北齊書》、《梁書》等正史，卻與《太平御覽》287/3b收錄的《三國典略》佚文一致；又如《資治通鑑》164/5064，梁大寶二年四月「方諸方踞泉腹，以五色綵辮其髯；見子仙至，方諸迎拜，泉匿于床下；子仙俯窺見泉素髯間綵，驚愕，遂擒之」的敍述，亦不見於《梁書》、《南史》等正史。而《太平御覽》374/4b收錄的《三國典略》佚文則反映了相近同的內容。這些情況，說明《資治通鑑》中收入了《三國典略》的內容甚至原文，只是由於沒有更詳細的注明，我們無法一一指出了。

而《資治通鑑考異》在一定程度上作了一些引導。它在說明《資治通鑑》和其他史書有所不同的時候，在考證中引錄了一些與《三國典略》不同的地方，甚至引錄了一些《三國典略》的原文，這不僅可以幫助我們補充《三國典略》原文的輯佚工作，還可以有力地向我們證明《三國典略》原文的體例是甚麼樣的。

在《資治通鑑考異》中，引用《三國典略》與《資治通鑑》相對校最多的就是記時情況，如《資治通鑑》157/4873，梁大同二年五月「魏秦州刺史万俟普與其子太宰洛、豳州刺史叱干寶樂、右衛將軍破六韓常及督將三百人奔東魏。」《資治通鑑考異》注云：「《典略》在六月。」《資治通鑑》159/4936，梁中大同元年「春，正月，癸丑，楊瞟等克嘉寧城。」《資治通鑑考異》云：「《典略》作『乙未』。」《資治通鑑》160/4968，梁太清元年十二月「乙亥，下詔以太子舍人元貞爲咸陽王。」《資治通鑑考異》云：「《梁紀》作『戊辰遣貞』，今從《典略》。」《資治通鑑》161/4983，梁太清二年十月「庚寅，景揚聲趣合肥，而實襲譙州，助防董紹先開城降之。」《資治通鑑考異》云：「《典略》上作『庚戌』，下作『庚子』。」等等。

特別是一些引錄了《三國典略》原文的語句，更能表現出編年體史書的特徵。例如：《資治通鑑》162/5032，梁太清三年「十二月，庚寅，宋子仙攻會稽，大連棄城走，異奔還鄉里，尋以其衆降於子仙。大連欲奔鄱陽，異爲子仙鄉導，追及大連於信安。」《資治通鑑考異》云：「《典略》云：『十二月，庚子朔，擒大連』。」《資治通鑑》164/5063，梁大寶二年「閏月，景發建康。」《資治通鑑考異》云：「《典略》云：『閏三月，丁未』。」《資治通鑑》166/5129，梁紹泰元年五月，「淵明與齊上黨王渙盟於江北，辛丑，自釆石濟江。」《資治通鑑考異》云：「《典略》『五月，庚子，僧辯逆淵明，辛丑，濟江，癸卯，至建康』。」

再如一段較完整的《三國典略》原文：《資治通鑑》166/5141，梁太平元年正月，「既而杜泰降於蒨，龕尚醉未覺，蒨遣人負出，於項王寺前斬之。」《資治通鑑考異》云：「《典略》云：『魏恭帝二年，十二月，蒨命劉澄等攻龕，大敗之，龕乃降；明年，正月丁亥，周鐵虎送杜龕祠項王神，使力士拉龕於坐，從弟北叟，司馬沈孝敦並賜死。」

以上這些引證及《資治通鑑》反映出來與《三國典略》逐年月對映的關係，不正是《三國典略》採用編年方式，按年月日排列記事的有力實證嗎？

通過以上幾方面的考證，我們認爲，把《三國典略》確定爲一部編年體史書應該沒有太大的疑問了。這也是日本學者勝村哲也的結論。[31]

如果我們能夠基本上將《三國典略》這本書歸入史部中的編年類史書，那麼，我們就可以參照其他編年體史書，根據現存的《三國典略》遺文來大致推測一下它的原來體例，並且可以嘗試按照年代順序排列有關遺文，恢復《三國典略》一書的本來面貌。

《三國典略》前後的各種編年體史書，現在大多亡佚不存，頂多也像《三國典略》一樣，留下一些零散的引文，散見於各種類書及有關注疏中。所以，我們所能參考的，只有《建康實錄》和《大唐創業起居注》等寥寥幾種。從這些著作中我們可以看到，它們的共同特點都是把歷史上發生的事件及有關人物按照年代順序，月日前後，一件件排列起來進行敍述，在大量正史的帝紀中，有時也可以見到這種寫法的影子。這可能是在起居注、編年史的基礎上加工成的緣故。

根據《崇文總目》的「《三國典略》三十卷　唐汾州司戶參軍丘悅撰。以關中、鄴都、江南爲三國。起西魏，終後周，而東包魏、北齊，南總梁、陳。凡三十篇，今卷第多遺，自二十一以下卷闕。」這些有關評述中我們可以得出一些大致的推測：

首先，「起西魏，終後周」這一記載，說明《三國典略》的編年記載是以西魏和接受西魏禪讓帝位的後周爲紀年的主體和敍事時的正統所在。由於三國分立，而各國的年號與紀年均不一致，所以，必須在敍事時先選定一個標準的紀年主體。從《春秋左傳》起就是採用這種作法的。如《春秋左傳》在衆多列國中選定魯國紀年爲主體；《資治通鑑》在紀錄南北朝史時，選定東晉和南朝的宋、齊、梁、陳作爲紀年標準等。在這種選擇中，隱含了作者的正統觀念及其對「正統」的看

---

[31] 見勝村哲也，〈六朝末の三國〉，《藤原弘道先生古稀記念史學佛教學論集》，第197頁。

法。拿《資治通鑑》的作法與《三國典略》的作法相比，就可以看出兩者明顯的不同之處，這是十分有趣的。

宋代司馬光編寫《資治通鑑》時，強調了漢族文化的正統觀念。堅持把承繼晉朝的漢族政權看作正統，而把北方的「夷狄」政權看作外族入侵，所以他在編年上採用南方諸朝代的紀年。而《三國典略》如果確如《崇文總目》所言，採用西魏和後周的紀年(這一點從殘存的《三國典略》遺文中也可以予以證明，如《太平御覽》942/1a「周天和元年夏，齊冀州人於蚌蛤中得瑤環」，又如《太平御覽》949/3a「周天和二年，齊武安妖人與其徒僞云盲躄……」)，那麼它就是把西魏、北周看作正統。

從《周書》、《隋書》、《舊唐書》等有關記載中我們可以看出，這種看法在唐代是很正常的。李唐政權認爲自己是通過禮儀制度，合法地接受了隋禪讓的政權，隋同樣從北周手中承受了禪讓的天子地位，北周也是通過禪讓從西魏那裡接受帝號的。可參見：

《北史・周本紀》：魏恭帝三年十二月庚子「禪位于帝」。在恭帝的詔書中說：「今踵唐、虞舊典，禪位于周」。㉜

《隋書・高祖紀》：「俄而周帝以衆望有歸，乃下詔曰：『……今便祗順天命，出遜別宮，禪位於隋，一依唐、虞、漢、魏故事』。」㉝

《隋書・恭帝紀》：「義兵入長安，尊煬帝爲太上皇，奉帝纂業。義寧元年十一月壬戌，上即皇帝位於大興殿。[……] 二年五月 [……] 戊午，詔曰：『今遵故事遜於舊邸，庶官群辟，改事唐朝，宜依前典，趣上尊號。』是日，上遜位於大唐。」㉞《舊唐書・高祖紀》的記載與之

㉜《北史》9/331。

㉝《隋書》1/11～12。

㉞《隋書》5/99。

相同。㉟

這是一條世代相承的「正統」線索。在唐代看來，自己承受的是西魏以來的帝位統緒，決沒有什麼「夷狄之防」的觀念。何況李氏本來就有「夷狄」血統。由此可見，丘悅的《三國典略》正是源於這一觀點，將西魏、後周作爲編年史的主體。那麼，如果嚴格限定起來，它應該是始自西魏大統元年［535］，終於北周大定元年［581］。可是，隋、唐時期的史官們劃分歷史時代時，往往從東、西魏分裂的北魏永熙三年［534］開始。例如《周書》，雖然是以「周」題名，但實際記述了從公元534年東、西魏分裂至581年楊堅代周爲止的西魏、北周史。這種作法與丘悅的作法是相符的。從《資治通鑑考異》反映的情況來看，首先出現《三國典略》一書材料的時間，也是在534年內記錄高歡的材料。現存《三國典略》佚文中有關賀拔岳、侯莫陳悅、魏孝武帝等人的一些記載，可能都與此類同，屬於534年中的記載。因爲這些人的活動與北周、北齊的創始人宇文泰、高歡緊密相關，並且也在534年去世。至於終於北周，現存《三國典略》佚文中也有北周末年的材料。如：《太平御覽》975/6a「周平齊，齊幼主、胡太后等并歸于長安」。此條事屬北周宣政元年［577］，已經接近北周終止的大定元年［581］。

自534年至581年間，四十八年的歷史，丘悅把它用「三國」分立的觀念表達出來。這三國，實際上指的是北周、北齊、南朝(陳、梁)三方。在丘悅的眼裡，西魏、東魏只不過是北周、北齊的前身，是宇文泰和高歡控制了政權的傀儡。這和《周書》包括了西魏史，《北齊書》包括了東魏史一樣，在《三國典略》中多次發現把西魏軍隊稱作周師，將西魏時發生的事件冠以「周」的稱呼，把東魏時事稱作「齊」的現

㉟《舊唐書》1/5～6。

象。這些現象正是丘悅對「三國」的看法在書中的反映。正如《中興館閣書目》所說:「悅之書首標西魏元,而敍宇文泰」。

以北周爲主體,除去在佚文中出現「周天和元年」、「周天和二年」等有北周紀年的實例外(見上引文),還在佚文中出現大量以「我」稱呼北周的例證,足以證明。

例如:《太平御覽》304/3a,「周伐梁,[......] 王琛既至石梵,未見我軍。」

《太平御覽》313/3a:「後周軍圍晉陽,[......] 延宗率衆,排車向前,我軍遂卻。」

《太平御覽》323/8b:「周遣大將軍王軌破陳於呂梁,[......] 一旬之間,我兵益至。」

《太平御覽》326/1b:「北齊平,任城王湝擄冀州,與廣寧王孝衍召募得四萬餘人,以拒我軍。」

這些佚文中「我軍」、「我兵」的稱呼,都是指周軍。這正是和《春秋左傳》隱公十年:「庚午鄭師入郜,辛未,歸于我」等處的稱呼一樣,以「我」表明紀史的主體國家。

在分析現有的《三國典略》遺文時,還可以發現一些問題,那就是有些事件發生在西魏大統元年以前。如:《太平御覽》211/5a:「東魏以孫騰兼尚書左僕射。府庫關鑰,一以委之。」《魏書・出帝平陽王紀》云:「中興二年,以侍中,車騎大將軍,尚書左僕射孫騰爲驃騎大將軍,儀同三司。」㊱這樣,這件事就應該是西魏建國以前發生的舊事。又如《太平御覽》265/3a「梁李膺,字公胤,廣漢人也。西昌侯藻爲益州,以爲主簿,使至建康。梁武悅之,謂曰:『卿何如昔日李膺。』

㊱《魏書》11/280。

對曰：『勝』。問其故。對曰：『昔事桓、靈之主，今逢堯、舜之君。』梁武嘉其對，以如意擊席久之。」據《梁書·蕭藻傳》23/361云：「[藻]天監元年，封西昌縣侯，[......]出爲持節，都督益、寧二州諸軍事，冠軍將軍、益州刺史。[......]九年，徵爲太子中庶子。」則此事應在北魏景明三年至永平三年間[502～510]，也不屬於《三國典略》的紀年範圍。在中國古代史書中，經常把與當時某一事件有關的人物經歷或重大歷史事實以追述的方法補記出來。這樣，如果《三國典略》把有關某一人物的事件都放在他去世的那一年月，或他有什麼重大事件需要記錄的那一年月去記錄，就會出現記錄了西魏以前發生的事件的情況，因爲卒於西魏、北周年間的人往往是在北魏(南齊、梁)年間就開始了他們的生涯。這裡還有一個例子，也許可以有助於說明這一推論。《資治通鑑考異·梁紀》武帝大同元年[535]：「《典略》，孫搴卒在大同十年四月。」這條記載，正說明《三國典略》往往在人物去世的那一年來記錄這個人的一生主要事跡。至於在記載歷史大事時因涉及到某個人而去記述他的有關事跡，就更是中國古代史書中常見的手法了。

從《太平御覽》中輯錄的佚文中，我們發現了十七條所記事件大約發生於西魏立國前的史料，大多爲記錄具體人物事跡的。這些人都是在西魏立國以後去世的，所以，我們認爲這些佚文中的史料應屬於追述性質的記載。《三國典略》原來處理這些材料時可能把它們歸入了人物的卒年中。

在我們整理的過程中，有一個難題，就是一些敍述專人事跡的佚文，應該排入哪一個具體年代？因爲有些人物活動時間比較長，有些事件甚至出現在隋滅北周之後。例如：《太平御覽》976/4a「厙狄士文爲貝州刺史」一條，據《北齊書》15/198及《北史》54/1957本傳記載，厙狄士文任貝州刺史是在隋開皇年間的事情。錢大昕《廿二史考異》

卷三一指出:「按士文, 隋之酷吏,《隋史》已爲立傳, 不應闌入《齊書》。」但《三國典略》在這裡把它也收錄進來, 如果界定《三國典略》下限在北周末年, 那就只能認爲厙狄士文的事跡可能是附在厙狄干(其父)的有關內容之後。這樣的引文排列時比較難於確定。另外, 還有一些人物卒於隋代, 有關他們的敍述似乎也不宜按卒年排入隋代, 具體附於哪些年代中, 也不能冒然確定。但是, 這些問題不會對我們認定《三國典略》是一部記錄由北魏末(西魏初年)高歡、宇文泰掌權開始, 至北周末年爲止的編年史這一點產生什麼影響。尤其是《資治通鑑》及《資治通鑑考異》的對照, 爲我們恢復《三國典略》的本來面貌提供了有力的旁證。

本書的輯佚及材料編排工作就是在以上分析的基礎上進行的。

二、《三國典略》的史料價值

經過大量的搜集整理工作後, 我們現已收集到410條《三國典略》的佚文, 在逐條加以考證後, 發現其中有16條佚文似是晉代魚豢的《典略》佚文, 需要單另提出。這樣, 我們現有的丘悅《三國典略》佚文就有394條, 共19333字。

這些文字材料可以說多, 也可以說少。比起原書三十卷的內容來, 這394條佚文是很少的一部份。但就一本已亡佚達九百年的古代著作而言, 能夠見到這樣多的內容, 已經是很難得的事情, 何況這些材料雖然不足以讓我們看到《三國典略》的原貌, 但已經可以使我們對這部書的性質、記敍範圍和歷史價值等有所認識, 甚至可以推測出它的原來體例, 予以一定程度上的復原, 這不是可以說它夠多了嗎?

儘管如此, 畢竟這19333字的佚文所收史料內容有限, 而且大量佚文的內容在正史中都有相近似的記載，有不少條佚文甚至與正史文字類似，如抄自同一歷史檔案，可以在文字上互爲校勘。是不是這樣就表明《三國典略》沒有多少史料價值了呢？不，恰恰通過這些類似、近同的地方，可以反映出很多唐代史家修史中的具體問題，有助於我們全面、公正地分析運用史料。

例如：《太平御覽》288/1a所引《三國典略》一條佚文就很有代表性：

周賀若敦、陳侯瑱相拒于湘州。敦恐瑱知其糧少，乃於營內聚土，覆之以米。召其側近村人，揚(陽)有所訪，令其遙見。瑱聞以爲實，乃據守要險，以老敦師。敦又增修壁壘，示以持久。土人乘輕騎，載米粟，籠雞鴨，以向(餉)瑱軍。敦患之，乃僞爲土人，裝舡內甲士其中。瑱兵見舡至送米，爭取。敦甲士出而擒之。

我們將《周書・賀若敦傳》與《北史・賀若敦傳》中的有關記載逐一加以比較，就可以發現《周書》的記載最爲詳細：

俄而霖雨不已，秋水氾溢，陳人濟師，江路遂斷。糧援既絕，人懷危懼。敦於是分兵抄擄，以充資費。恐瑱等知其糧少，乃於營內多爲土築，覆之以米，集諸營軍士，人各持囊，遣官司部分，若欲給糧者，因召側近村民，陽有所訪問，令於營外遙見，隨即遣之。瑱等聞之，良以爲實，乃據守要險，欲曠日以老敦師。敦又增修營壘，造廬舍，示以持久。初，土人亟乘輕船，載米粟及籠雞鴨以餉瑱軍，敦患之，乃僞爲土人，裝船伏甲士於中，瑱兵人望見，謂餉船之至，逆來爭取，敦甲士出而擒之。㊲

《北史》的記載就比《周書》簡略，與《周書》相校，缺少了「霖雨不已」、「陳人濟師」、「人懷危懼[......]以充資費」、「集諸營軍士，[......]若欲給糧者，因」、「令於營外遙見」、「乃據守要險，欲曠日以老敦師」等文字，另外，「瑱兵人望見」的「兵」，《北史》作「軍」。「敦甲士出而擒之」的「出而」，《北史》作「遂」。再將《三國典略》佚文與這二者互校，我們可以看到，它比《周書》、《北史》更簡略。除去個別文字的不同外，《三國典略》更接近《北史》的寫法。但是值得注意的是：《三國典略》比《北史》多了「令其遙見」和「乃據守要險，以老敦師」的文字。又如「伏甲士」作「內甲士」，「餉船之至」作「船至送米」的說法，也與《周書》不同。

這些比較，就給我們這樣一種印象：《周書》、《北史》、《三國典略》都是依據另外一種原始史料加以編寫的。在編寫中各自獨立決定對原始史料的取捨或改寫。這樣，三種史書記載的內容雖然大體一致，卻在部分文字上各具不同。顯然，丘悅的《三國典略》並不是直接鈔寫自《周書》或《北史》中的哪一種，而是根據他所見到的唐祕書監藏書中的北周史料、陳史料加以剪裁而成的。這樣，我們就了解到唐代史官們修史時存在著各自不同的選材方法和角度，對於一件史料的全貌就更需要綜合各方面說法去證實了。

《三國典略》佚文中反映出的另一個特點，就是它能比較完整全面地集中介紹一個歷史事件。而這些事件的內容在正史中往往分散在各人的紀傳中，支離破碎，需要通過多方拼合才能了解全貌。

例如：《太平御覽》156/4b記錄《三國典略》佚文有關梁元帝遷都一事，就從胡僧祐等人諫阻，梁元帝命令朝臣議，群臣爭辯，朝會以

㊲《周書》28/475～6。

左袒表決，朱買臣入諫至召卜者杜景毫以卜兆決定去留等方面詳盡地記述了這一重大事件。(全文見所輯佚文第162條，西魏廢帝元年八月條下。)

而《南史》8/244〈梁本紀〉中，只記了宗懍等人以爲建業王氣已盡，乃留。《陳書》24/309與《南史》34/899〈周弘正傳〉中，也只記了周弘正勸說遷都，及朝會文武以左袒表決以及朱買臣入諫等幾個片段。(詳見所輯佚文注，同上條。)《周書》41/730〈王褒傳〉的說法也與《南史·梁本紀》一樣寥寥數語。給人的片段印象只是部分臣子的出面勸阻及爭辯起了作用。而從《三國典略》中，我們可以看到，它記載完整全面，從頭至尾系統地保存了梁元帝與臣下討論遷都這一重大決策的過程，從而彌補《周書》、《陳書》、《南史》等正史記錄的不足之處。特別是保存了決定是否遷都時最關鍵的一個因素——卜者杜景毫的占卜過程。杜景毫及占卜的這件事是正史上沒有任何記載的。但實際上，任何正史上都不曾提及的這個因素，才是使梁元帝下決心不遷往建業的主要原因。在古代社會中，占卜始終占有一個重要的地位，所謂「卜以決疑」。對於意見相左，無法下決心的事更要占卜，聽從神的安排。國家大事更是如此。《周禮·春官·筮人》云:「凡國之大事，先筮而後卜。」《禮記》中也多次談到占卜的重要，《春秋左傳》中保存了大量當時國君占卜的記錄，如哀公九年記晉國趙鞅救鄭國時，同時讓史趙、史墨、史龜三人占卜。昭公十三年記楚靈王占卜等等。近年以來，除了商、周時期占卜的甲骨外，還在楚墓中發現了幾批記有卜筮情況的竹簡，如湖北江陵望山一號楚墓中有墓主邵固卜占的記錄。江陵天星觀一號楚墓中有墓主的卜筮記錄 2000 多字，荊門包山二號楚墓中也發現了大量墓主邵㐌的占卜文書等。它們都在有力地證明古代帝王對占卜的重視。

梁元帝本人也是十分相信占卜，而且自己就善於占卜。《南史》8/245〈梁本紀下〉記載：「[梁孝元]帝於伎術無所不該，嘗不得南信，筮之，遇〈剝〉之〈艮〉。曰：『南信已至，今當遣左右季心往看。』果如其說，賓客咸驚其妙。凡所占決皆然。」由此可見，他是相信占卜的結果「不吉」，才不遷往建康的。儘管卜者杜景毫可能也是贊成遷都的人，還發出了「此兆爲鬼賊所留也」的感嘆，但仍不可能改變這個神鬼的決定。

那麼，爲什麼正史都對這個關鍵問題避而不談呢？我們曾懷疑是史官們受了儒家思想的局限，「子不語怪力亂神」，盡可能不提涉及神怪、占卜之類的內容。但在《南史》、《梁書》中其他地方也有關於占卜的記錄。那麼也可能是編寫南朝正史的人對梁元帝未遷都這一件事採取批評態度，認爲占卜決定是否遷都一事不可取。或者出於某些我們不能了解到的原因。儘管我們無法確切地回答這一問題，但它都可以反映出唐代史官們修史時所持的個人態度及官方看法，是很値得尋味的。

從現存材料中看，有趣的是：丘悅在編寫《三國典略》時，卻表現出明顯的不同，收入了大量有關怪異術數的內容，也使我們幸運地看到了這樣重要的材料。它充分說明了當時占卜在國家政治和日常生活中的重要作用。關於《三國典略》在這方面的內容，我們在下面還要提及。

除去與正史近同，但又獨具特色的記載外，《三國典略》的佚文中還保存了一些正史中沒有的史料。這就顯得更可珍貴。例如《太平御覽》619/7a:

初侯景來，既送東宮，妓女尚有數百人，景乃分給軍士，夜於宮中置酒奏樂，忽聞火起，衆遂驚散。東宮圖籍數百廚焚之皆盡。初，太子夢作秦始皇者云：「此人復欲焚書」。既而見爇，夢則驗焉。

此事《梁書》56/842〈侯景傳〉作：

太宗募人出燒東宮，東宮臺殿皆盡。

《南史》80/1999〈侯景傳〉則較詳細，稱：

［賊］又登東宮牆射城內。至夜，簡文募人出燒東宮臺殿遂盡，所聚圖籍數百廚，一皆灰燼。先是，簡文夢有人畫作秦始皇，云：「此人復焚書」，至是而驗。

但均未言及侯景分配妓女，置酒奏樂的事。顯然，沒有這個條件,焚燒東宮的行動是很難成功的。

梁朝曾經擁有十分豐富的文化寶藏，在南朝數代經濟發展的基礎上，文化昌明，物質豐富。皇宮中收藏的書籍文物更是空前壯觀。《隋書》49/1297〈牛弘傳〉中記錄了牛弘任秘書監，上表請開獻書之路的表奏，其中說：

故知衣冠軌物，圖書記注，播遷之餘，盡歸江左。晉宋之際，學藝爲多，齊梁之間，經史彌盛。宋秘書丞王儉，依劉氏《七略》，撰爲《七志》。梁人阮孝緒，亦爲《七錄》。總其書數，三萬餘卷。及侯景渡江，破滅梁室，秘省經籍，雖從兵火，其文德殿內書史，宛然猶存。蕭繹據有江陵，遣將破平侯景，收文德之書，及公私典籍，重本七萬餘卷，悉送荆州。故江表圖書，因斯盡萃于繹矣。

由此可見，梁元帝蕭繹在周師攻進江陵時自己焚燒掉全部圖書文物，這眞可以說是中國圖書史上的空前災難。牛弘在表奏中也把它列爲秦始皇焚書、王莽末年長安兵起焚書，東漢末年李傕等兵亂焚書、西晉末年劉石憑陵，京師覆滅四大書厄以後的第五次大厄。可是對於這一次焚書的經過，正史中均很少言及，《梁書》中甚至根本沒有記錄梁元帝親自焚書這一事件，《南史》的記載也是草草帶過，使人們產生焚書的主使不明這樣一種誤解。因此，我們光憑正史上的材料，是很難了解梁元帝出於什麼動機做出如此驚人的破壞來的。現在可以見到的關於這一事件的詳細記錄，只有《三國典略》、《歷代名畫記》、《資治通鑑》三種。而《歷代名畫記》和《資治通鑑》的記載顯然是源自《三國典略》。

《太平御覽》619/7a引《三國典略》佚文作：

周師陷江陵，梁王(主)知事不濟，入東閣竹殿，命舍人高善寶焚古今圖書十四萬卷，欲自投火與之俱滅。宮人引衣，遂及火滅盡，并以寶劍斫柱令折，歎曰：「文武之道，今夜窮矣。」

《歷代名畫記》1/4b作：

元帝將降，乃聚名畫法書及典籍二十四萬卷，遣後閤舍人高善寶焚之。帝欲投火俱焚，宮嬪牽衣得免。吳越寶劍并將斫柱令折。乃歎曰：「蕭世誠遂至于此，儒雅之道今夜窮矣。」

《資治通鑑》165/5121作：

帝入東閣竹殿，命舍人高善寶焚古今圖書十四萬卷。（《考異》曰：《隋經籍志》云：「焚七萬卷」，《南史》云「十餘萬卷。」按周僧辯所送建康書已八萬卷，幷江陵舊書，豈止七萬卷乎？今從《典略》。）

《資治通鑑》的記載已明確注明「從《典略》」，文字也與《三國典略》相同。而《歷代名畫記》的敍述雖然與《三國典略》的記載有些文字上的差異，如「十四萬卷」作「二十四萬卷」、「文武之道」作「儒雅之道」等，但其內容語句顯然仍是脫胎於《三國典略》。而且在《歷代名畫記》中還有兩處明確注明引自《三國典略》的文句。如：西魏大統十五年［549］六月內：「［梁］元帝長子方等，字實相，尤能寫眞。」一條，原注「見《梁書》及《三國典略》。」及北周建德元年［572］內「祖班者，東魏人，善畫。」原注：「見《三國典略》。」由此可見《歷代名畫記》在編寫過程中確曾參閱了《三國典略》一書，因此，這一段《歷代名畫記》中有關梁元帝的內容來自《三國典略》，應該是沒有疑問的。

梁元帝是一個有深厚文化教養、飽學多識的皇帝，卻能做出如此爲人不齒的破壞文化的罪行，這可能要歸於他對獨裁權力的瘋狂追求與覆滅前的絕望掙扎。從他焚書、故意砍斷珍貴的古代文物吳越寶劍，並且喊出：「文武之道，今夜窮矣」的垂死呼聲來看，暴露的正是這樣一種獨裁者的靈魂。《資治通鑑》胡三省注云：「焚書、折劍，以爲文武道盡。」說明梁元帝的焚書、折劍，是富有象徵性的悲觀動作，書象徵文，劍象徵武。至於梁元帝說的「文武之道」是否與《論語》中講的「文、武之道」，即周文王、周武王的治國治道有關，限於材料，還未可遽定。但梁元帝自命不凡，曾說：「我韜於文士，愧於武夫。」㊳所以這裡的文、武，也可能就是講文治武功。據《資治通鑑》記載(可能也是鈔《三國典略》的材料)在同年十二月丙辰日，「或問：『何意焚書？』帝曰：『讀書萬卷，猶有今日，故焚之！』」㊴總之，是一種走投無路，想毀滅一切的狂人心理。而正史上偏偏沒有介紹這一事件，這是一個值得研究的問題。荷蘭學者 Erik Zürcher 曾認爲梁元帝這一史事在正史上沒有記載，可能是虛構的。㊵我們不同意這一看法。在《梁書》上根本不提焚書這件事，就令人懷疑。梁朝的珍藏圖書被焚毀一事，是很重大的歷史事件，其他的史書、古籍中多有記載，如上引《隋書・牛弘傳》，顏之推〈觀我生賦〉中也說：「書千兩而煙颺」，㊶《南史》中雖然記述得比較含混，沒有明確指出具體是誰造成焚書，然而確實記載了焚書這件事。雖然現在我們除了《三國典略》以外還沒有找到其他更早的記錄梁元帝焚書事件的古籍，但顯然隋、唐、宋時期的史學家們都是接受梁元帝焚書的說法的，尤其是以嚴謹求實出名的司馬光在編寫《資治通鑑》時也採用了《三國典略》的記載。說明這件史實是可信的。

這樣，《梁書》中對梁元帝焚書一事忽略不談，就是有意而爲的了。這讓我們感覺到：古代修史的史臣學者，在爲某一朝代修史時，總是讓自己站在這一朝代臣子的立場上去選擇材料，進行敍述評論。爲梁朝修史的姚思廉等人，不知是否也感到：梁元帝作爲一個國君，卻去

㊳《南史》8/243〈梁本紀下〉。

㊴《資治通鑑》165/5122。

㊵ Erik Zürcher, 'Recent studies on Chinese painting', *T'oung Pao* 51, 1964, p. 415.

㊶見《北齊書》45/622（顏之推傳）。

毀滅幾百年來積存下的寶貴文化遺產是一種莫大的罪過。只好爲尊者諱，對此閉口不談。而丘悅在撰寫《三國典略》時，以北周爲正統，梁朝視爲敵國，自然可以將原始史料中記載梁元帝罪行的材料一律收入。

《修文殿御覽》一書，是中國古代類書發展史上的一個里程碑。研究類書的人都非常想了解有關它的情況。本世紀初在敦煌發現的古代卷子中，曾有一件被學者認爲是佚失已久的《修文殿御覽》殘卷。洪業曾經撰文考證這個卷子並非《修文殿御覽》。㊷其重要根據之一，就是《三國典略》中的有關記載。這段記載見於《太平御覽》601/4b，這次輯佚中我們收入北周建德元年內，可參見第308條。記載中最重要的，就是：

初，齊武成令宋士素錄古來帝王言行要事三卷，名爲《御覽》，置於齊主巾箱。陽休之創意取《芳林遍略》，加《十六國春秋》、《六經拾遺錄》、《魏史》等書，以士素所撰之名稱爲《玄洲苑御覽》，後改爲《聖壽堂御覽》。至是，珽等又改爲《修文殿》上之。

等文字。它詳細記載了北齊時種種《御覽》的加工、補充、演變過程。由此啓發我們，中國古代的各種類書，可能都是這樣，在某一種原始底本的基礎上，不斷補充、修改內容、更換名稱、逐漸擴大。宋代著名的《太平御覽》，就是在《修文殿御覽》的基礎上，添加《藝文類聚》、《文思博要》及前代類書編寫而成的。㊸而這些詳情，都是在正史中不易見到的。

㊷見洪業著〈所謂修文殿御覽者〉，《燕京學報》第12卷(1932年)，2499～2558頁。
㊸見《續資治通鑑長編》24/559（太平興國八年十一月庚辰日）。

《三國典略》中保存的史料，還可以直接補充正史的缺佚。今本《北齊書》3/37〈文襄紀〉中，現有一段與上文日期、語氣都不相連貫的文字，是記錄東魏孝靜帝受高澄欺侮的(見所輯佚文第28條，西魏大統十三年條下)。〈中華書局校勘記〉中就指出：「宋人校語認爲這段記載出於《魏書·孝靜紀》，〈孝靜紀〉更沒有『東魏主』的稱謂。[......]即此可知不出《魏書》，何況此段最後『因流涕』三字爲〈孝靜紀〉所無。現在我們見到的較早史料中只有唐丘悅的《三國典略》，見《御覽》、《通鑑考異》引，稱孝敬帝爲『東魏主』，這段敍事，較近情的推測是直接或間接出於此書。」這種推測是很有道理的，可見在宋代以前，有人已經用《三國典略》的史料去補充散佚了的《北齊書》等正史了。

最後，我們看一下《三國典略》佚文中有關宗教信仰和巫術占卜等方面的一些記載。這些十分生動的細節描述，是正史中所不曾記錄的。它們對了解當時人物的思想及社會風俗、宗教等方面具有一定的參考價值。

除去儒、佛、道等所謂中國傳統的「三教」以外，在中國民間，一直流傳著一些原始宗教。這些宗教比較混雜，崇拜的對象多種多樣，具有十分明顯的地方民間特徵。追溯其源頭，往往可以聯繫到巫術鬼神崇拜。如《史記·封禪書》中介紹的「陳寶」、「秦中」、「汾陰脽」等種種民間淫祀。直至今天，它還在民間風俗習慣中表現出來。

正史裡面，對這一類材料往往不加重視，或簡單地收入「五行志」一類記載中。《三國典略》中反而保存了較多的占卜、徵兆、怪異神奇之類的史料，有些可以與正史互爲表裡，有些則根本不見於正史，是研究有關課題的可貴資料。

如《太平廣記》316/2862中載有北齊崔季舒妻子夢見五道將軍的故事。它對於研究五道將軍的由來是一條重要的資料，但是《太平廣記》注明該引文「出《北史》」，卻令人懷疑它的可靠性，因爲《北史》中查不到相同的記載。而在《太平御覽》734/9b的類似記載中注明出自《三國典略》，證實了它的來源。這些資料有力地說明在中國民間流傳已久的五道將軍信仰來源於佛教體系之外的神巫思想。㊹

再如：《太平御覽》949/3a引《三國典略》：「周天和二年，齊武安妖人與其徒僞云盲躄，因飲泉水下得金佛，其疾並愈，於是遠近信之，男女霧集。水中有老黃蝦蟆，全如金色，乍出乍沒。齊武成及百官已下莫不飲之。」

這裡雖然是記載妖人假借佛名來行騙，但是其中出現了其他文獻中很少提到的「蝦蟆」，它恰恰反映了在中國北方曾經流傳過的對蝦蟆(包括蟾蜍)的民間崇拜。北齊是高度崇拜佛教的國家，至今仍在河北、山西、河南等地留下了大量精美的佛造像。人們如果沒有崇拜蝦蟆的基礎，是不會把黃蝦蟆認同爲金佛的。

這種對蝦蟆的原始崇拜，在中國中部及西北地區有著豐富的考古學實物證據。例如在甘肅發現的距今四五千年的馬家窯文化彩陶罐上有大量的變形蛙紋。距今五六千年的陝西仰韶文化彩陶中有寫實的蟾蛙形狀紋樣。距今三千多年的商、周青銅器中有蟾紋的裝飾，戰國、漢代的帛畫與畫像石中也有蟾蜍的圖像(大多以蟾代表月亮)。

直至現代，在中國西北農村中，還有用蟾、蛙紋樣來裝飾兒童服裝，做成蛙枕來避除災禍的情況。由此可見，對蟾蜍青蛙崇拜的習俗自古至今，一線貫穿。而《三國典略》中的材料，正是中間承上啓下的重要一環。

再如《太平御覽》911/3a引《三國典略》佚文：「齊將誅斛律光，

㊹見杜德橋著〈唐代前後的五道將軍〉，《華夏文化與傳世藏書》，499～510頁。

有三鼠游於光寢。光每投食與之，一朝俱死床下。」

又如，《太平御覽》975/6a引《三國典略》佚文：「齊主還鄴，高麗、新羅並遣使朝貢。先是徐州蓮一莖兩蒂。占云：異木蓮枝，遠人入款。斯其應也。」

以及《太平御覽》919/5b引《三國典略》佚文：「高德衆正相齊，未誅之前，家有赤鴨，群行於庭，犬來逐，遂成碎血。」等等，以及上面談及的有關五道將軍的佚文，這些有關神、鬼、動物植物怪異、夢兆、占卜等種種記錄，實際上反映了中國古代民間的占卜體系和源於原始宗教的方術傳統。

中國古代的占卜體系非常紛雜，例如骨卜、筮占、雞卜、五行八卦推演、式盤測算、占夢、星象等。大體上可以歸納爲三大類。一是與天文學有關的星占、式算；二是與動物植物的神靈信仰有關的龜卜、骨卜、蓍筮、徵兆等；三是與人體本身生理、心理有關的鬼神幻想、占夢、祠禳厭劾等方式。對這些怪異現象的解釋，往往有一套相傳已久的固定程式，幾千年幾乎未變。例如有關鼠爲災禍徵兆的說法，就可以一直上溯到秦代的《日書》中。《睡虎地秦墓竹簡》中介紹的出土文書《日書》，是講當時各種禁忌和徵兆的，其中就有：「鬼恆召人曰：『爾必以某日月死。』是使鬼僞爲鼠，入人醯、醬、滫、漿中，求而去之，則已矣。」㊺而後，《漢書·燕刺王旦傳》記載，燕刺王旦將作亂，「鼠舞殿端門中」。㊻《京房易飛侯》中稱「鼠舞于庭，厥咎誅死」。這些說法與《三國典略》中的記載正可互爲說明，表明這種徵兆的解釋歷數百年，至北朝末年仍未改變。這對於我們研究古代民間思想和宗教信仰，不正是十分可貴的材料嗎？

㊺見《睡虎地秦墓竹簡》213頁〈日書甲種釋文註釋〉。

㊻《漢書》63/2757。

一九九七年二月於牛津

本書的輯佚及整理研究工作得到英國學術院、王寬誠基金會和牛津大學的資助，特此致謝。

《三國典略》輯佚引用及參考書目

《太平御覽》　中華書局影印涵芬樓影印宋本　1960

《資治通鑑》(附《資治通鑑考異》)　古籍出版社標點本　1956

《太平廣記》　中華書局排印本　1961

《歷代名畫記》[唐]張彥遠　景印文淵閣四庫全書本

《新編分門古今類事》[宋]宋某　叢書集成初編收十萬卷樓叢書本

《事物紀原》[宋]高承　中華書局排印本　1989

《酉陽雜俎》[唐]段成式　中華書局排印本　1981

《建康實錄》[唐]許嵩　中華書局排印本　1986

《魏書》　中華書局標點二十五史本　1974

《北齊書》　中華書局標點二十五史本　1972

《北史》　中華書局標點二十五史本　1974

《周書》　中華書局標點二十五史本　1971

《梁書》　中華書局標點二十五史本　1973

《陳書》　中華書局標點二十五史本　1972

《南史》　中華書局標點二十五史本　1975

《隋書》　中華書局標點二十五史本　1973

《舊唐書》　中華書局標點二十五史本　1975

《新唐書》　中華書局標點二十五史本　1975

《宋史》　中華書局標點二十五史本　1977

《金石萃編》[清]王昶　掃葉山房石印本　1921

《金石續編》[清]陸耀遹　掃葉山房石印本　1921
《唐文續拾》[清]陸心源　潛園總集本
《廿二史考異》[清]錢大昕　潛研堂全書本
《道藏》　涵芬樓影印本　1924～6
《崇文總目》　景印文淵閣四庫全書本
《史略》[宋]高似孫　知不足齋叢書本
《通志》[宋]鄭樵　商務印書館排印本　1935
《史通》[唐]劉知幾　四部叢刊影印涵芬樓藏明張鼎思刊本　1929
《大唐創業起居注》[唐]溫大雅　叢書集成初編本
《續資治通鑑長編》[宋]李燾　中華書局排印本　1979
《玉海》[宋]王應麟　文物出版社影印本　1987
《全唐詩》　中華書局排印本　1960
《元和姓纂四校記》岑仲勉　商務印書館　1948
《太平廣記校勘記》嚴一萍　藝文印書館　1970
《藤原弘道先生古稀記念史學佛教學論集》
藤原弘道先生古稀記念會(日本京都)　1973
《華夏文化與傳世藏書》　中國社會科學出版社　1996

《三國典略》佚文

534 北魏永熙三年

二月

1 《太平御覽》254/6a

賀拔岳引軍，西次平涼。岳以夏州鄰接寇賊，欲求良牧以鎮之。衆咸曰：「宇文左丞即其人也。」岳曰：「宇文左丞，吾之左右手，不可廢也。」沉吟累日，乃從衆議，表太祖爲夏州刺史。

(66字)

事見《周書》1/4及《北史》9/313(文帝紀)。宇文左丞，即周文帝。據《周書》記載，此事發生於北魏太昌元年至永熙三年［532～534］之間。又見《北史》49/1803(賀拔岳傳)。

賀拔岳卒於北魏永熙三年二月［534］。

四月

2 《太平御覽》901/5a

侯莫陳悅既敗，與其子弟及麾下數十騎遁走，至牽屯山，不知所趣，乃棄馬山谷，乘騾而去。

(35字)

侯莫陳悅，《周書》14/225、《北史》49/1803、《魏書》80/1784有傳。文獻中多所記載。

此事僅見《北史》(侯莫陳悅傳)，作：「與其二弟並兒及謀殺岳者八九人，棄軍迸走，數日之中，盤回往來，不知所趣。左右勸向靈州，而悅不決。言下隴後恐爲人見，乃放馬山中，令從者悉步，自乘一騾，欲往靈州。」與此說不盡相同。

此事在北魏永熙三年［534］。《資治通鑑》156/4842記載此事在四月。

六月

3 《資治通鑑》156/4845

歡表以爲：「荆、雍將有逆謀，臣今潛勒兵馬三萬，自河東渡，又遣恆州刺史厙狄干等將兵四萬自來違津渡。」(《考異》曰：丘悅《三國典略》

作「朱違津」。）

此處是《資治通鑑考異》中首次提及《三國典略》，以下均簡稱《典略》。事在梁中大通六年六月丁巳，即北魏永熙三年［534］。

九月

4 《資治通鑑》156/4854

歡退屯河東，使行臺長史薛瑜守潼關。（《考異》曰：《北史》作薛瑾，《典略》作薛長瑜。）

此事在梁中大通六年九月，即北魏永熙三年［534］。

十月

丙子

5 《太平御覽》901/2b

東魏靜帝遷都鄴，尙書郎以下盡令乘驢。

(16字)

據《北史》5/184及《資治通鑑》156/4857所載，遷鄴事在東魏天平元年［534］十月丙子，西魏立國前一年。

閏十二月

6　《太平御覽》728/5a

西魏孝武帝字孝則，孝文皇帝之孫也。性沉厚少言，體有鱗文。初封汝陽公，夢人謂己曰:「汝當大貴，得二十五年。」將即位，使吳遵世筮之，遇明夷之賁，曰:「初登于天，後入于地。」帝曰:「何謂也?」遵［世］曰:「初登于天，當作天子也。後入于地，不得久也。」

(90字)

孝武帝即元修，體有鱗文及夢當大貴之事見《北史》5/170，吳遵世卜筮事見《北齊書》49/677(吳遵世傳)，文字相同。北魏孝武帝卒於北魏永熙三年［534～535］，《資治通鑑》載入這一年閏十二月癸巳。

7　《太平御覽》895/4a

西魏孝武將爲齊太祖所殺，孝武索所乘波斯騮馬，命太宰南陽王躍之，將舉其鞍，馬蹶而死。帝惡之。日晏還宮，至後門，馬驚不前，捶之鞭折。入謂潘彌曰:「今日幸無他不?」彌曰:「過夜半則大吉。」須臾，帝飲酒遇鴆而崩。時年二十五，謚曰孝武。殯於草堂佛寺十餘年乃葬。

(102字)

魏孝武帝，即魏出帝，《魏書》11/281、《北史》5/170有紀。此事與《北史》5/174所載近同。「將舉其鞍」，《北史》作「將攀鞍」，應從之。

魏孝武帝卒於北魏永熙三年［534～535］，在西魏立國前一年。據《魏書》、《北史》，孝武帝被周太祖宇文泰所毒殺。此作齊太祖，顯係爲周所諱言而篡改歷史。

535 西魏大統元年

七月

8 《資治通鑑》157/4868

北梁州刺史蘭欽引兵攻南鄭，魏梁州刺史元羅舉州降。（《考異》曰：《典略》在七月。）

此事在梁大同元年，即西魏大統元年［535］。

536 西魏大統二年

正月

9 《資治通鑑》157/4870

魏靈州刺史曹泥與其婿涼州刺史普樂劉豐復叛降東魏，魏人圍之。(《考異》曰：《北齊書》、《典略》皆云：「周文圍泥。」)

此事在梁大同二年正月，即西魏大統二年［536］。

六月

10 《資治通鑑》157/4873

魏秦州刺史万俟普與其子太宰洛、豳州刺史叱干寶樂、右衛將軍破六韓常及督將三百人奔東魏。(《考異》曰：普降東魏事，《北齊書·帝紀》在三月甲午，《典略》在六月。)

此事在梁大同二年，即西魏大統二年［536］。

538　西魏大統四年

十一月

11　《資治通鑑》158/4891～2

侯景攻廣州，未拔，［……］廣州守將駱超遂以城降東魏，丞相歡以勇行廣州事。勇，辯之從弟也。於是南汾、潁、豫、廣四州復入東魏。（《考異》曰：《典略》侯景克廣州在十一月。）

此事在梁大同四年，即西魏大統四年［538］。

542　西魏大統八年

十二月

12　《資治通鑑》158/4912

辛亥，東魏遣兼散騎常侍楊斐來聘。（《考異》曰：《典略》作「陽斐」。）

此事在梁大同八年十二月，即西魏大統八年［542～543］。

本年中未確定月日的佚文

13　《太平御覽》617/4ab

陳袁憲，樞之弟也，幼聰敏好學。梁武帝修建庠序，別開五館。其一館在憲宅西，常招引諸生與之談論，每有新義出人意表。國子博士周引正(弘正)謂憲父君正曰：「賢子今茲欲策試不?」君正曰：「經義猶淺，未敢令試。」居數日，君正遣門下客岑文豪與憲候引正(弘正)。[弘正]將登講座，弟子畢集，乃授憲麈尾。時謝岐、何妥在坐。引正(弘正)謂曰：「二賢雖窮奧賾，得無憚此後生耶?」何、謝遞起義端。憲酬對閑敏，神色自若。引正(弘正)因謂文豪曰：「卿還諮袁吳郡，此郎已堪見代爲博士矣。」

(171字)

此事見《陳書》24/312(袁憲傳)、《南史》26/718(袁憲傳)，所記較此爲詳。

袁憲卒於隋開皇十八年［598］。此事在梁大同八年，即西魏大統八年［542］。今入這一年。

543 西魏大統九年

三月

14 《資治通鑑》158/4916

歡上馬走，從者步騎七人，追兵至，親信都督尉興慶曰：「王速去，興慶腰有百箭，足殺百人。」歡曰：「事濟，以爾爲懷州刺史；若死，用爾子。」興慶曰：「兒少，願用兄。」歡許之。興慶拒戰，矢盡而死。（《考異》曰：《典略》作「尉興敬」。）

此事在梁大同九年三月，即西魏大統九年［543］。

544 西魏大統十年

四月

15 《資治通鑑》157/4871

司馬子如、高季式召孫搴劇飲，醉甚而卒。（《考異》曰：《典略》，孫搴卒在大同十年四月。）

此事在梁大同二年,《三國典略》記於大同十年,即西魏大統十年[544]。

本年中未確定月日的佚文

16 《太平御覽》730/6a

梁宣豐侯修參軍陳晃善相人。修因法會，將晃自隨，令相簡文有天下否。晃言:「簡文九州骨成，必踐帝位，而地部過弱，非但王畿蹙侵，兼恐不得善終。」
(57字)

《南史》52/1300(蕭脩傳)載:「脩中直兵參軍陳晷甚勇有口[中華書局本校勘記疑爲「力」之誤]。求爲覘候，見獲，以辭烈被害。」陳晷疑即此云陳晃。「晷」、「晃」二字形近，必有一誤。此事時間不詳，約在梁大同末年至太清二年間，即西魏大統十年至十四年［544～548]。

545 西魏大統十一年

正月

17　《太平廣記》327/2596

東魏丞相司馬任胄，謀殺高歡，事洩伏誅。其家未之知。家內忽見其頭在飯甑上。相召看之。少頃，失所在。俄知被戮。

(44字)

此事《資治通鑑》159/4925載入這一年正月。《魏書》74/1656，《北齊書》2/22、48/666，《北史》6/229、48/1763、55/1993等處均有記載，但均無「其家未之知」以下內容。《北齊書》等作「正月甲午」。

十二月

癸丑

18　《資治通鑑》159/4928

上遣交州刺史楊瞟討李賁，[......] 至交州。(《考異》曰：《典略》作：「十二月癸丑至交州。」)

此事在梁大同十一年，即西魏大統十一年 [545～546]。

546　西魏大統十二年

正月

乙未

19　《資治通鑑》159/4936

春，正月，癸丑，楊瞟等克嘉寧城。(《考異》曰：《典略》作「乙未」。)

此事在梁中大同元年正月，即西魏大統十二年［546］。

三月

癸卯

20　《資治通鑑》159/4937

庚戌，上幸同泰寺，遂停寺省，講《三慧經》。(《考異》曰：《典略》云：癸卯，詔「以今月八日於同泰寺設無遮大會，捨朕身及以宮人幷所王境土供養三寶。」四月，丙戌，公卿以錢二億萬奉贖。)

此事在梁中大同元年三月，即西魏大統十二年［546］。

九月

21　《資治通鑑》159/4940

李賁復帥衆二萬自獠中出，屯典澈湖。（《考異》曰：《典略》云：「渡武平江，據新安村。」）

此事在梁中大同元年九月，即西魏大統十二年［546］。

547　西魏大統十三年

正月

22　《資治通鑑》160/4950

是歲，正月，乙卯，上夢中原牧守皆以其地來降，舉朝稱慶。（《考異》曰：《典略》云：去年十二月夜夢。）

此事《資治通鑑》入梁太清元年元月，《三國典略》補記爲「去年」，即梁中大同元年事，但似仍以入太清元年爲宜，即西魏大統十三年［547］。

23 《太平御覽》398/4a

高歡嘗夢履衆星而行。覺而內喜，遂傾產以結客。
(19字)

見《北齊書》1/1～2(神武紀)、《北史》6/209～210(齊本紀)。高歡卒於東魏武定五年正月，即西魏大統十三年［547］。

24 《太平御覽》369/5b

高歡營主尉景欲執爾朱兆。歡嚙臂止之。
(16字)

「嚙」《北齊書》、《北史》作「齧」。

見《北齊書》1/6(神武紀)、《北史》6/213～4(齊本紀)。事在北魏末年。疑應屬高歡卒年東魏武定五年，即西魏大統十三年［547］。

25 《太平御覽》895/4ab

高歡歸爾朱榮。劉貴事榮，盛言歡美。榮未之奇也。歡更衣服，重求見焉。因隨榮之廄。廄有害馬，榮命翦之。歡不絆翦，竟不蹄齧，已而起曰：「凡御惡人亦如此矣。」榮遂坐歡於牀下，屏左右而訪時事。歡曰：「聞公有馬十二各(谷)，色別爲群，將此竟何用也?」榮曰：「且言爾意。」歡曰：「方今天子愚弱，太后淫亂，四方雲擾，朝政不行，以明公雄武，乘時奮發，但將討鄭儼、徐紇爲辭，舉鞭足以定天下。此是賀六渾意。」榮大悅，曰：「爾意即我意也。」自是每參軍謀。

(166字)

此事與《北齊書》1/3(神武本紀)、《北史》6/211(齊高祖神武帝本紀)所載相同。

此事在北魏孝昌元年以後［525後］。今從高歡卒年。

26 《太平御覽》917/9a

渤海王高歡攻鄴。時瑞物無歲不有。令史焚連里(理)木，煮白雉而食之。

(26字)

高歡攻鄴，據《北齊書》1/7(神武紀)爲北魏中興元年［531］之事。今從高歡卒年。

27 《太平廣記》135/968

北齊神武，少曾與劉貴、賈智為奔走之友。貴曾得一白鷹，獵於沃野。見一赤兎，每搏輒逸。遂至迴澤，有一茅屋。兎將奔入，犬噬之，鷹兎俱死。神武怒，以鳴鏑射犬。犬斃。屋中有二大人出，持神武衣甚急。其母目盲，曳杖呵二子：「何故觸大家。」因出甕中酒，烹羊以飯客。自云有知，遍捫諸人，言并當貴。至神武，曰:「皆由此人。」飲竟而出。還更訪問之，則本無人居。乃知向者非人境也。由是諸人益加敬異。

(150字)

「呵二子」，據嚴一萍《太平廣記校勘記》錄清初孫潛所記校勘，作「呵其二子」。《北齊書》亦同。

此文又見於《北齊書》1/2(神武紀)及《新編分門古今類事》。《新編分門古今類事》云：「出《典略》。」當即出於《三國典略》，但引文較此稍為簡略。《北齊書》尚有「又曰：『子如歷位顯，智不善終。』」語。神武帝高歡卒於東魏武定五年正月，即西魏大統十三年［547］。

八月

壬申

28 《北齊書》3/36~7

壬申，東魏主與王獵於鄴東，馳逐如飛。監衛都督烏那羅受工伐從後呼曰：「天子莫走馬，大將軍怒。」王嘗侍飲，舉大觴曰：「臣澄勸陛下酒。」東魏主不悅曰：「自古無不亡之國，朕亦何用如此生。」王怒曰：「朕，朕，狗脚朕。」使崔季舒毆之三拳，奮衣而出。尋遣季舒入謝。東魏主賜季舒綵，季舒未敢即受，啓之於王，王使取一段。東魏主以四百疋與之，曰：「亦一段耳。」東魏主不堪憂辱，詠謝靈運詩曰：「韓亡子房奮，秦帝魯連恥，本自江海人，忠義感君子。」因流涕。

(170字)

〈中華書局校勘記〉云：宋人校語以爲這段記載出於《魏書·孝靜紀》，《孝靜紀》更沒有「東魏主」的稱謂。如果補史者要改，就應改稱「魏帝」，以與全書，特別與此紀前半相符，何故忽然改作「東魏主」？即此可知不出《魏書》，何況此段最後「因流涕」三字爲《孝靜紀》所無。現在我們見到的較早史料中只有唐丘悅的《三國典略》，見《御覽》、《通鑑考異》引，稱孝靜帝爲「東魏主」。這段敍事，較近情的推測是直接或間接出於此書。

按《資治通鑑》160/4959梁太清元年記錄這段史事與此相同，然不稱「東魏主」。《資治通鑑》編寫中參用《三國典略》一書，見《資治通鑑考異》，此段史事轉引自《三國典略》是很有可能的。

此事在東魏武定五年，即西魏大統十三年[547]。《資治通鑑》入八月。

十二月

乙亥

29《資治通鑑》160/4968

乙亥，下詔以太子舍人元貞爲咸陽王。（《考異》曰：《梁紀》作「戊辰遣貞，」今從《典略》。）

此事在梁太清元年十二月，即西魏大統十三年［547～548］。

30　《太平御覽》313/4a

侯景次于渦陽，有車數千兩，馬數千疋，甲士四萬人。慕容紹宗戎卒十萬，旗甲耀日。方軌長驅，鳴鼓並進。景使謂之曰：「公等爲欲送客，爲欲定雄雌?」紹宗對曰：「當欲公決勝負。」遂順風以陣。景閉其壘，風止乃出。紹宗曰：「侯景多詭詐，好掩人背。咸宜備之。」景果令入陣者背短兵，但斫人脛及馬足。東魏軍大敗，紹宗墜馬。

(120字)

見《南史》80/1995。下文第35、36兩條均與此文有相連貫的關係。

《梁書》56/840未載「慕容紹宗戎卒十萬」以下內容。《資治通鑑》160/4968記載此事於梁太清元年十二月，即西魏大統十三年［547～548］。

31 《太平御覽》287/3b～4a

侯景叛，段韶夾渦而軍，潛於上，風縱火，景衆騎入水，出而卻走，草濕，火不復然(燃)。

(30字)

此事應在梁太清元年，即西魏大統十三年［547～548］。《資治通鑑》160/4969梁太清元年十二月所載與此相同。

本年中未確定月日的佚文

32 《太平御覽》730/6a

東魏御史賈子儒善相。太常卿崔暹私引子儒潛觀齊王。儒曰：「人有七尺之形，不如一尺之面；一尺之面，不如一寸之眼。大將軍臉薄顧速，非帝王相也。」皇甫玉又竊觀王於道曰：「此不作物，會是垂涕者。」垂涕者謂太原公洋。

(85字)

此事見《北史》89/2939(皇甫玉傳)。《北齊書》49/678(皇甫玉傳)不載賈子儒事。

「會是垂涕者」,《北史》等作「會是道北垂鼻涕者」。
「顧速」《北史》作「眄速」。

據《北齊書》49/678(皇甫玉傳)此事在文襄帝自潁川還師時,參見《北齊書》3/32(文襄紀),在東魏武定五年,即西魏大統十三年[547]。

33 《太平御覽》347/6a

齊綦連猛有勇力。梁使來聘,有武藝人,求欲相角。猛帶兩鞬,左右馳射,併取四弓,疊而挽之。梁人嗟服。
(39字)

見《北齊書》41/540、《北史》53/1927(綦連猛傳)。此事在東魏武定五年,即西魏大統十三年[547]。綦連猛卒於北齊滅亡以後,其年不詳。

34 《太平御覽》589/3ab

陸雲,吳郡吳人。曾製太伯廟碑。吳興太守張纘罷郡,經途讀其文,歎美之,曰:「今之蔡伯喈也。」至都,言於高祖。高祖召兼尚書議郎,頃之即眞。
(53字)

見《梁書》50/724(陸雲公傳)、《南史》48/1200(陸雲公傳)。《三國典略》脫「公」字。陸雲公卒於梁太清元年，西魏大統十三年［547］。製碑事應在西魏初年。

548 西魏大統十四年

正月

35 《太平御覽》324/8ab

侯景黨儀同司馬世雲，率其所領，降于慕容紹宗，仍以鐵騎五千，夾而擊景。景謂其衆曰：「汝輩家口，高澄悉已殺之。弩(努)力何慮無妻子。待向江東，當還入鄴。用汝輩悉作本州刺史。」衆信之。紹宗遙呼曰：「爾居家悉在。但能歸來，官勳如舊。」乃被髮向北斗以誓之。於是景衆大潰，爭赴，渦水爲之不流。

(112字)

見《南史》80/1995(侯景傳)，並參見上下文第30、36兩條。此事在西魏大統十四年［548］。《資治通鑑》161/4970即收入這一年正月己亥。

36 《太平御覽》318/2b

侯景收其餘衆，步騎八百，南過小城。城人登埤詬之，曰：「跛脚奴！」景怒攻城，拔之，殺詬者而去。
(35字)

見《南史》80/1995(侯景傳)。並參見上文第30、35兩條。此事在梁太清二年正月，即西魏大統十四年［548］。《資治通鑑》161/4970所載與此相同，入這一年。

37 《太平御覽》326/1b

侯景晝息夜行，追軍漸逼。使謂慕容紹宗曰：「景若被擒，公復何所用?」紹宗乃緩之。
(31字)

38 《資治通鑑》161/4971

［侯景］晝夜兼行，追軍不敢逼。(《考異》曰：《典略》云：「晝息夜行，追軍漸逼。」)

此事在梁太清二年正月，即西魏大統十四年［548］。此段佚文與上條相同。

四月

39 《太平御覽》321/8b

東魏慕容紹宗、高岳等，堰洧水以灌潁川。時有怪獸，每衝壞其堰。岳等悉衆苦攻，分休迭進。王思政身當矢石，與士卒同其勞苦。屬以大雪，岳衆多死，岳等乃作鐵龍雜獸，用厭水神。

(69字)

見《北史》62/2207(王思政傳)。

據《資治通鑑》161/4978，此事於西魏文帝大統十四年［548］四月時發生。

40 《太平御覽》332/9a

周王思政固守潁川。思政運米數百車，欲向孔城。齊大都督破六韓常與洛州刺史可朱渾寶願前後要襲獲之，乃啓于齊王澄曰:「常自鎮河陽已來，頻出關口、大谷二道。所有要害，莫不知悉。請於形勝之處營築城戍，安置士馬，截其往來。彼之咽喉既斷，潁城呑滅可期。且孔城以西，年穀不稔，東道斷絕，亦不能存。」王納其計。

(124字)

寶疑衍字。大谷《北齊書》作太谷。

見《北齊書》27/378～9(破六韓常傳)。

洛州刺史可朱渾願，可見《梁書》56/834(侯景傳)。此事在西魏大統十四年［548］，與上條相連。

41 《太平御覽》318/2b～3a

周王思政固守穎川。高岳久圍不解。陳元康言於齊王澄曰：「公自匡輔朝政，未有殊功。雖敗侯景，本非外賊。穎城將陷，願公因而乘之。足以取威定業。」王從之，於是親至穎川，益發其衆。號曰決命夫。更起土山。王坐於堰上，趙道德言於王曰：「箭頭有鐵，不避大王。」引王帶而下。箭集於王坐之所。

(111字)

見《北齊書》24/344、《北史》55/1985。據《北齊書》13/175(高岳傳)，此事在東魏武定六年，即西魏大統十四年［548］，亦與上二條相連。此稱周、齊均不適宜。

42 《太平御覽》328/6b

太原郡王高洋督兵攻王思政，陷于潁川。遂入東魏。先是，長社夜有聲如車騎，從西北向城。居二日，黑風起於乾地，吹水入城。城壞，風羊角而上。
(55字)

此事與以上諸條同爲一事，史書無載。屬西魏大統十四年［548］。

六月

43 《資治通鑑》161/4971

甲辰，［……］殷州刺史羊思達亦棄項城走。（《考異》曰：《典略》在六月。）

此事在梁太清二年，即西魏大統十四年［548］。

八月

44 《資治通鑑》161/4981

［侯］景益無所憚，啓上曰：「若臣事是實，應罹國憲，如蒙照察，請戮鴉仁。」（《考異》曰：《梁書》、《南史》皆云：「並抑不奏。」《典略》

「朱异拒之」云云。)

此事在梁太清二年八月，即西魏大統十四年［548］。

45 《資治通鑑》161/4982

［侯］景西攻馬頭。(《考異》曰：《梁書》云：「執太守劉神茂，」按神茂素附于景，無煩攻執。今從《太清紀》、《典略》。)

此事在梁太清二年八月，即西魏大統十四年［548］。

46 《太平御覽》898/8a

梁出師拒侯景。邵陵王綸次鍾離。初，綸將發，營于樂游苑。臨賀王正德詣於綸所。始入牙門，有飄風觸旗竿而折。至是，將殺牛勞士，一牛走入馬廐，抵殺綸所乘駿馬，又以兩角貫一馬腹，載之而行，衝突營幕，軍中驚亂。

(83字)

此事不見於《南史》53/1322(蕭綸傳)和《梁書》29/431(蕭綸傳)、55/828(蕭正德傳)等處。僅《南史》53/1324云：「綸發白下，中江而浪起，有物蕩舟將覆，識者尤異之。」

此事在梁太清二年，即西魏大統十四年［548］。

十月

庚子

47　《資治通鑑》161/4982～3

［侯］景乃留外弟中軍大都督王顯貴守壽陽；癸未，詐稱游獵，出壽陽，人不之覺。冬，十月，庚寅，景揚聲趣合肥，而實襲譙州，助防董紹先開城降之。（《考異》曰：［......］《典略》上作「庚戌」，下作「庚子」。）

此事在梁太清二年十月，即西魏大統十四年［548］。

48　《資治通鑑》161/4984

太子見事急，戎服入見上，稟受方略，上曰：「此自汝事，何更問爲。內外軍事，悉以付汝。」（《考異》曰：《太清紀》云：「太宗見事急，乃入，面啓高祖曰：『請以軍事並以垂付，願不勞聖心。』」《南史》云：「帝曰：『此自汝事，何更問爲。』」今從《典略》。）

此事在梁太清二年十月，即西魏大統十四年［548］。

49　《太平御覽》974/5a

侯景至朱雀街，南建康令庾信守朱雀門，俄而景至，信衆撤桁，始除一舶，見景軍皆著鐵面，退隱于門，自言口𤏶(燥)，屢求甘蔗。俄而飛箭中其門柱。信手中甘蔗應弦而落。

(64字)

庾信，《周書》41/733、《北史》83/2793並有傳。僅稱「侯景作亂，梁簡文帝命信率宮中文武千餘人營於朱雀航。及景至，信以衆先退」。

《梁書》56/842(侯景傳)云:「建康令庾信率兵千餘人屯航北，見景至航，命徹航，始除一舶，遂棄軍走南塘。」

《南史》80/1999(侯景傳)云:「始除一舶，見賊軍皆著鐵面，遂棄軍走。」均不曾言及食甘蔗事。僅見《資治通鑑》161/4986十月辛亥所載與此相同。

此事在梁太清二年，即西魏大統十四年［548］。

50　《太平御覽》320/3b

臺城朱(失)陷，侯景又燒大司馬門。後閣舍人高善寶以私金千兩賞其戰士。直閣將軍宗思領將士數人，踰城出外灑水。久之，火滅。景又遣持長柯斧，入門下，斫門將開，羊促(羊侃)鑿扇爲孔，以槊刺倒二人。斫者乃退。

(79字)

此事見《南史》80/1999、《梁書》56/842(侯景傳)，作：「羊侃鑿門扇，刺殺數人，賊乃退。」此作「羊促」，誤。事在梁太清二年，即西魏大統十四年［548］。《資治通鑑》161/4987記載此事入這一年十月壬子。

51 《太平御覽》619/7a

初侯景來，既送東宮，妓女尚有數百人，景乃分給軍士，夜於宮中置酒奏樂，忽聞火起，衆遂驚散。東宮圖籍數百廚焚之皆盡。初，太子夢作秦始皇者云：「此人復欲焚書。」既而見爇，夢則驗焉。

(72字)

此事見《南史》80/1999～2000(侯景傳)：「［賊］又登東宮墻射城內。至夜，簡文募人出燒東宮臺殿遂盡，所聚圖籍數百廚，一皆灰燼。先是，簡文夢有人畫作秦始皇，云：『此人復焚書』，至是而驗」。

《梁書》56/842(侯景傳)亦作：「太宗募人出燒東宮，東宮臺殿遂盡。」

均與《三國典略》說法有所出入。此處可能爲梁簡文帝(太宗)縱火之舉加以掩飾，故未明言。此事在梁太清二年十月壬子夜，即西魏大統十四年［548］。

52 《太平御覽》336/5ab

侯景作尖項(頂)木驢攻城，石不能破也。羊侃作雉尾炬，灌以膏臘，取擲焚之，乃退。

(30字)

項《梁書》、《南史》作頂。

見《梁書》39/560(羊侃傳)、《南史》80/2000(侯景傳)。此事在梁太清二年，即西魏大統十四年［548］。《資治通鑑》161/4988記載此事入這一年十月癸丑。

十一月

53 《太平御覽》598/6b

侯景圍臺城，陳昕說范挑捧(桃棒)，令率所領二千人襲殺王偉、宋子仙，帶甲歸降。挑捧(桃棒)許之，使昕夜入官(宮)城，密啓梁主。梁主大悅，命使納之，并鐫銀券賜挑捧(桃棒)，曰:「事定日，當封汝爲河南王，即有景衆，并給金帛女樂，以報元功。」而太子恐其詭詐，猶預不決。

(94字)

此事見《南史》80/2001(侯景傳)。此事在梁太清二年，即西魏大統十四年［548～549］。《資治通鑑》161/4992記載此事入這一年十一月。

54　《資治通鑑》161/4993

桃棒又使昕啓曰：「今止將所領五百人，若至城門，皆自脱甲，乞朝廷開門賜容。事濟之後，保擒侯景。」（《考異》曰：《太清紀》、《南史》皆云：「桃棒求以甲士二千人來降，以景首應購。」今從《典略》。）

此事在梁太清二年十一月，即西魏大統十四年［548～549］。

壬午

55　《資治通鑑》161/4994

乙酉，綸進軍玄武湖側。（《考異》曰：《太清紀》云：「二十九日，」《典略》云「壬午」。）

此事在梁太清二年十一月，即西魏大統十四年［548～549］。

56　《資治通鑑》161/4994

［侯］景悉收綸輜重，生擒西豐公大春，安前司馬莊丘慧、主帥霍俊等而還。（《考異》曰：《典略》作「廣陵令崔俊」。）

此事在梁太清二年十一月，即西魏大統十四年［548～549］。

十二月

57　《太平御覽》1000/2b

侯景圍臺城既急，時諸軍於德陽堂前殺馬鬻販，雜以人肉乾。甘露廚中所有乾苔，悉分給軍士。

(37字)

此事又見《南史》80/2004(侯景傳)，作：「御甘露廚有乾苔，味酸鹹，分給戰士。軍人屠馬於殿省間鬻之，雜以人肉，食者必病。」

事在梁太清二年，即西魏大統十四年［548～549］。

58　《太平御覽》354/2a

羊侃，字祖忻。嘗從梁主宴樂游苑。時少府啓兩刃矟成，長二丈四尺三寸。梁主因賜侃河南國紫騮馬，令試之。侃執矟上馬，左右擊刺，特盡其妙。觀者登樹。梁主曰：「此樹必爲侍中折矣！」俄而果折。因號此矟爲折樹矟。

(82字)

見《南史》63/1544(羊侃傳)。《梁書》39/559作「長二丈四尺，圍一尺三寸。」又無「觀者登樹」以下文字。此事在梁大同三年，而羊侃卒於梁太清二年，即西魏大統十四年［548～549］十二月。今從卒年。

本年中未確定月日的佚文

59 《太平御覽》381/3b

崔孝芬取貧家子賈氏，以爲養女。有姿色，騰納之，請以邑號。

(23字)

見《北齊書》18/235、《北史》54/1944(孫騰傳)。孫騰卒於東魏武定六年，即西魏大統十四年［548］。

60 《太平御覽》370/4a

梁劉之遴，字思貞，文範先生虬之子也。博綜文史。尚書令沈休之(沈休文)深敬器之。右手偏直，不得屈伸，每晝(書)，則以紙就筆。

(44字)

「右手偏直，不得屈伸，每書，則以紙就筆」，《梁書》同，《南史》作「以手就筆」。

見《南史》50/1250、《梁書》40/572(劉之遴傳)。劉之遴卒於梁太清二年，即西魏大統十四年［548］。

61 《太平御覽》380/3a

梁楊白花，字長茂，武都仇池人，大眼之子也。少有勇力，容貌瓌偉。

(25字)

「楊白花」《梁書》作「楊華」。

見《梁書》39/556、《南史》63/1535～6(楊華傳)。傳稱:「太清中，侯景亂，［......］［華］卒于賊。」據此，楊華(楊白花)卒於梁太清二年至大寶三年間，即西魏大統十四年至廢帝元年間［548～552］。

62 《太平御覽》917/2a

徐思王(玉)，壽陽人，家本寒微，以捕雁爲業。

(15字)

徐思玉，《南史》51/1281、62/1517～18、80/1995～6、1999提及，而無傳。徐思玉爲侯景叛黨。史書中記錄其事跡亦在侯景作亂時，即西魏大統十四年至廢帝元年［548～552］。

63 《太平御覽》999/2a

梁江從簡，光祿大夫革之子也，頗有才學，年十七，爲〈採荷調〉以刺何敬容。其文曰：「欲持荷作柱，荷弱不勝梁，欲持荷作鏡，荷暗本無光。」敬容弗覺，唯唯嗟其工。

(60字)

江從簡，《梁書》36/526及《南史》60/1477(江革傳)附有其傳，唯稱：「年十七，作〈採荷調〉(《梁書》作〈採荷詞〉)以刺敬容。」不載其文。

江從簡卒於侯景亂中，可能在梁太清二年，即西魏大統十四年［548］間事。

64 《太平御覽》726/3a

東魏相齊王澄以舟師還，次於小平津。北岸古塚崩，骨見，銘曰：「今卜高原，千秋之後，化爲下泉，當逢霸主，必爲改遷。」王曰：「古人之卜其何至也。」令更葬之。

(58字)

據《北齊書》3/32(文襄紀)載，高澄北齊武定五年爲大丞相、渤海王。武定六年三月，高澄「南臨黎陽，濟于虎牢，自洛陽從太行而反晉陽」(見3/37)。此事當在此時，即西魏大統十四年［548］。

549 西魏大統十五年

正月

庚申

65　《資治通鑑》162/5001

朝野以侯景之禍共尤朱异，异慚憤發疾，庚申，卒。（《考異》曰：《梁帝紀》作「乙丑。」今從《太清紀》、《典略》。）

此事在梁太清三年正月庚申日，即西魏大統十五年［549］。

二月

庚子

66　《資治通鑑》162/5004

庚子，前南兗州刺史南康王會理、前青、冀二州刺史湘潭侯退、西昌侯世子彧衆合三萬，至于馬卬洲。（《考異》曰：《梁帝紀》作「丁未」，今從《太清紀》、《典略》。《典略》云：「至于琅邪」。）

此事在梁太清三年二月，即西魏大統十五年［549］。

67 《資治通鑑》162/5004

太子即勒會理自白下城移軍江潭苑。(《考異》曰：《梁帝紀》作「蘭亭苑。」今從《太清紀》、《典略》。)

此事在梁太清三年二月，即西魏大統十五年［549］。

三月

68 《資治通鑑》162/5008

初，閉城之日，男女十餘萬，擐甲者二萬餘人。(《考異》曰：《南史》作「三萬，」今從《典略》。)

此事在梁太清三年三月，即西魏大統十五年［549］。

69 《資治通鑑》162/5008

安南侯駿説邵陵王綸曰：(《考異》曰：《典略》云：綸已下咸説柳仲禮如此。)「城危如此而都督不救，若萬一不虞，殿下何顏自立於世。今宜分軍爲三道，出賊不意攻之，可以得志。」綸不從。柳津登城謂仲禮曰：「汝君父在難，不能竭力，百世之後，謂汝爲何?」仲禮亦不以爲意。上問策于津，對曰：「陛下有邵陵，臣有仲禮，不忠不孝，賊何由平。」(《考異》曰:《典略》云:「柳仲禮族兄暉謂仲禮曰:『天下事勢如此,何不自取富貴?』仲禮曰:『兄今若爲取之?』暉曰:『正當堅營不戰,使賊平臺城,因天子,徐而縱兵,既破之後,復挾天子令諸侯也。』仲禮納之。[......]」《太清紀》又云:「景嘗登朱雀門樓,與之語。又遺以金,自是以後,閉壁不戰。」《典略》云:「景遺以金鐶。」)

此事在梁太清三年三月,即西魏大統十五年[549]。

庚午

70 《資治通鑑》162/5011

己巳,景遣石城公大款以詔命解外援軍。(《考異》曰:《典略》在庚午。)

此事在梁太清三年三月,即西魏大統十五年[549]。

71 《資治通鑑》162/5012

東徐州刺史湛海珍、北青州刺史王奉伯,並以地降東魏。(《考異》曰:北青州,《典略》作「南冀州」。)

此事在梁太清三年三月,即西魏大統十五年[549]。

四月

72 《資治通鑑》162/5018

癸未，景遣儀同三司來亮入宛陵，宣城太守楊白華誘而斬之。甲申，景遣其將李賢明攻之，不克。（《考異》曰：《典略》在四月。）

此事在梁太清三年，即西魏大統十五年［549］。

五月

73 《資治通鑑》162/5021

癸丑，縊殺正德。（《考異》曰：《典略》「五月，正德死。」）

此事《資治通鑑》原在梁太清三年六月，即西魏大統十五年［549］。《三國典略》入這一年五月。

74 《太平御覽》917/6b～7a

梁臨賀王正德，其妹長樂公主，太子家令謝禧之妻也。姿容國色。悅而報之，生子二人，乃燒主第，投婢於火，唱言主死。黃門郎張準有一雉媒。正德見而奪之。準於重雲殿法會所罵之曰：「張準雉媒非長樂公主，何可略奪?」太子綱恐梁主聞，遣武陵王紀急相解喻。準罵乃止。正德既出，以雉還之。

(112字)

蕭正德，《梁書》55/828及《南史》51/1279均有傳。

《南史》51/1282載此事，比《三國典略》詳盡，云：「正德妹長樂主適陳郡謝禧，正德姦之，燒主第，縛一婢，加玉釧於手，以金寶附身，聲云主被燒死，檢取婢屍幷金玉葬之。仍與主通，呼爲柳夫人，生二子焉。」此《三國典略》記載中，「悅而報之」上缺「正德」二字。又「報」一般指與輩分較高的女性私通，此處似不妥，應以「姦」爲正。

蕭正德於梁中大通四年［北魏太昌元年，532］封臨賀郡王，太清三年卒，即西魏大統十五年［549］。《資治通鑑》162/5021入這一年六月癸丑。今從上一條入五月。

六月

丁亥

75　《資治通鑑》162/5019

丁亥，立宣城王大器爲皇太子。（《考異》曰：《太清紀》云「七日」，今從《梁帝紀》及《典略》。）

此事在梁太清三年六月，即西魏大統十五年［549］。

76　《資治通鑑》162/5019

壬辰，封皇子大心爲尋陽王，大款爲江陵王，大臨爲南海王，大連爲南郡王，大春爲安陸王，大成爲山陽王，大封爲宜都王。（《考異》曰：《太清紀》、《典略》並與立太子同日。）

此事在梁太清三年六月，即西魏大統十五年［549］。

戊子

77　《資治通鑑》162/5021

丙午，吳盜陸緝等起兵襲吳郡，殺蘇單于，推前淮南太守文成侯寧爲主。（《考異》曰：《典略》作「戊子」，「陸黯」。）

此事在梁太清三年六月，即西魏大統十五年［549］。

78　《資治通鑑》162/5021

封元羅等諸元十餘人皆爲王。（《考異》曰：《太清紀》在八月二十八日。今從《典略》。）

此事在梁太清三年六月，即西魏大統十五年［549］。

79　《資治通鑑》162/5021

景愛永安侯確之勇，常寘左右。邵陵王綸潛遣人呼之，確曰：「景輕佻，一夫力耳。我欲手刃之，正恨未得其便，卿還啓家王，勿以確爲念。」景與確游鍾山。引弓射鳥，因欲射景，弦斷，不發，景覺而殺之。(《考異》曰：《太清紀》確死在九月。今從《典略》。)

此事在梁太清三年六月，即西魏大統十五年［549］。

80　《歷代名畫記》7/6a

［梁］元帝長子方等，字實相，尤能寫眞。坐上賓客，隨意點染，即成數人。問童兒，皆識之。後因戰歿。年二十二，贈侍中、中軍將軍、揚州刺史，謚忠莊太子。見《梁書》及《三國典略》

(55字)

《梁書》44/619～20(蕭方等傳)無「尤能寫眞」之事，僅記載：「軍敗，遂溺死，時年二十二。世祖聞之，不以爲慼，後追思其才，贈侍中、中軍將軍、揚州刺史。謚曰忠壯世子。」可見此文出自《三國典略》。蕭方等卒於梁太清三年六月，即西魏大統十五年［549］。見《資治通鑑》162/5022。

七月

81 《資治通鑑》162/5024

庚午，以南康王會理兼尚書令。(《考異》曰：《太清紀》在八月二十六日。今從《典略》。)

此事在梁太清三年七月，即西魏大統十五年［549］。

八月

82 《北齊書》3/37

初，梁將蘭欽子京爲東魏所虜，王命以配廚。欽請贖之，王不許。京再訴，王使監廚蒼頭薛豐洛杖之，曰：「更訴當殺爾。」京與其黨六人謀作亂。時王居北城東柏堂蒞政，以寵琅邪公主，欲其來往無所避忌，所有侍衛，皆出於外。太史啓言宰輔星甚微，變不出一月。王曰：「小人新杖之，故嚇我耳。」將欲受禪，與陳元康、崔季舒等屏斥左右，署擬百官。京將進食，王卻，謂諸人曰：「昨夜夢此奴斫我，宜殺卻。」京聞之，置刀於盤，冒言進食。王怒曰：「我未索食，爾何遽來。」京揮刀曰：「來將殺汝。」王自投傷足，入于牀下，賊黨去牀，因而見殺。先是訛言曰「軟脫帽，牀底喘」，其言應矣。

(212字)

此段記載原《北齊書》已佚，內亦有「東魏」字樣，疑亦轉引自《三國典略》，根據同28條。

此事《北齊書》誤作七月。《資治通鑑》162/5026記載在梁太清三年八月辛卯，即西魏大統十五年［549］。

83　《太平御覽》642/7b

太原公洋之赴晉陽也，陽休之勸崔季舒□(從)曰：「一日不朝，其間容刀。」季舒□性好聲色，心在閑放，遂不請行，欲恣其淫樂。司馬子如等緣宿憾，乃奏暹及季舒過狀，各鞭二百，徒(徙)於馬城，晝則供役，夜置地牢。

(76字)

此事見《北史》32/1184、《北齊書》39/512(崔季舒傳)，唯僅稱：「徙北邊」。時值東魏武定七年，即西魏大統十五年［549］。《資治通鑑》162/5027載此事入這一年八月。

九月

84　《太平御覽》644/5b～6a

梁湘東王以鮑泉圍湘州，久不陷，使平南將軍王僧辯代爲都督，數泉十罪。舍人羅重懽帥□□(齋仗)三百與僧辯俱發，先令通泉曰：「羅舍人被令送王竟陵來。」泉愕然，顧左右曰：「得王竟陵助我，賊不足平。」俄而重懽先入，僧辯繼之。泉方拂席而坐。僧辯曰：「鮑郎，卿有罪，令旨令我鎖卿，勿以故意相待。」羅重懽宣令，即鎖之於牀側。泉舉止自若，謂重懽曰：「稽緩王師，甘受其罪，但恐後人更思鮑泉之憒(憒)耳。」僧辯意甚不平。泉乃爲啓自申，并謝淹遲之罪。湘東怒解，遂釋之。

(174字)

「十罪」《南史》作「二十罪」。「帥」下原缺二字，《南史》作「齋仗」。

此事見《梁書》 30/448～9、《南史》62/1529(鮑泉傳)。《資治通鑑》162/5029～30記載此事入梁太清三年九月，即西魏大統十五年[549]。

十一月

85　《資治通鑑》162/5031

邵陵王綸聞錢塘已敗，出奔鄱陽。(《考異》曰：《南史》云：「東土皆附綸，臨城公大連懼將害己，乃圖之，綸覺之，乃去。」今從《典略》。）

此事在梁太清三年十一月，即西魏大統十五年［549～550］。

十二月

86《資治通鑑》162/5032

十二月，庚寅，宋子仙攻會稽，大連棄城走，異奔還鄉里，尋以其衆降於子仙。大連欲奔鄱陽，異爲子仙鄉導，追及大連於信安。（《考異》曰：《典略》云：「十二月，庚子朔，擒大連。」）

此事在梁太清三年，即西魏大統十五年［549～550］。

本年中未確定月日的佚文

87　《太平御覽》590/8a

梁簡文爲侯景所幽，作連珠曰：「吾聞言可覆也。人能育物，是以欲輕其禮，有德必昌，兵賤於義，無思不服。」

(40字)

88 《太平御覽》590/8a

又曰:「吾聞道行則五福俱湊，運閉則六極所鍾，是以麟出而悲，豈唯孔子? 途窮則慟，寧止嗣宗?」

(36字)

梁簡文帝蕭綱《梁書》4/103、《南史》8/229有紀。《梁書》4/108並稱:「又爲連珠二首，文甚淒愴。」而文詞不載。《全上古三代秦漢三國六朝文》收此連珠，亦出自《太平御覽》。此事在梁太清三年，即西魏大統十五年［549］。

89 《太平御覽》329/5a

東魏以平鑒爲懷州刺史。鑒乃於軹開道築城，以防于我。尋而太祖遣驃騎將軍楊㯹、儀同長孫慶明率兵東伐。是時，新築之城少糧乏水，衆情大懼。南門內有一土井，隨汲即竭。鑒乃具衣冠，俯井而祝。俄而泉湧，城內皆足。楊水示㯹，㯹無功而還。

(94字)

見《北齊書》26/372、《北史》55/2000(平鑒傳)。據《北齊書》15/201(潘樂傳)平鑒爲懷州刺史正值北齊受禪前，約爲武定七年，即西魏大統十五年［549］左右。

90　《太平御覽》600/3a

梁庾肩吾少勤學，能鼓琴，善屬文。宋子仙破會稽，購得肩吾，謂之曰：「吾昔聞汝能作詩，今可作。若能，當貰汝命。」肩吾便操筆立成。詩曰：「髮與年俱暮，愁將罪共深，聊持轉風燭，蹔(暫)映廣陵琴。」子仙乃釋之。

(75字)

此事見《南史》50/1248(庾肩吾傳)，唯不載其詩句。庾肩吾卒年不詳。此事在梁太清三年，即西魏大統十五年［549］。

91　《太平御覽》585/6b～7a

徐摛字士秀，東海郯人也。員外散騎常侍起之(超之)子。文好新率(變)，不拘舊體。梁武謂周捨曰：「爲我求一人，文學俱長，兼有德行者，欲令與晉安游處。」捨曰：「臣外弟徐摛形質陋小，若不勝衣，而堪此選。」梁武曰：「必有仲宣之才，亦不簡其皃(貌)也。」乃以摛爲侍讀。王爲太子，轉家令。文體既別，春坊盡學之，謂之宮體。宮體之號，自斯而起。

(122字)

見《梁書》30/446～7、《南史》62/1521(徐摛傳)；此事與傳記載基本相同。「文好新奉」《梁書》、《南史》均作「屬文好爲新變」。「奉」當是「變」字之誤。「亦不簡其皃」《梁書》作「亦不簡其容貌」,《南史》作「亦不簡貌」。「皃」應是「貌」字簡省之誤。此事在西魏之前,《資治通鑑》155/4810載徐摛「文體輕麗,春坊盡學之,時人謂之宮體。」事在梁中大通三年［531］。今從徐摛卒年西魏大統十五年［549］。

92 《太平御覽》224/3a

賀琛爲梁散騎常侍。梁主與語,常移晷刻。故省中語曰:「上殿不下,有賀雅。」琛容止都雅,故人呼之。
(34字)

都《南史》作閑。

事見《梁書》38/542～3、《南史》62/1511(賀琛傳)。賀琛,梁太清三年卒［549］:見《南史》62/1513。

《梁書》此文句下有琛封奏云:「自普通以來,二十餘年」,則此事應在梁大同年間,約值西魏大統十一年［545］期間。今從賀琛卒年。

93 《太平御覽》600/2b

高澄嗣渤海王,聞謝挺、徐陵來聘,遣中書侍郎陸昂於滑臺迎勞。於席賦詩,昂必先成,雖未能盡工,亦以敏速見美。
(44字)

此條題出《三國略》

《北齊書》35/469、《北史》28/1017(陸卬傳)均作「自梁、魏通和，歲有交聘，卬每兼官燕接，在帝席賦詩，卬必先成，雖未能盡工，以敏速見美。」

高澄卒於東魏武定七年，即西魏大統十五年［549］，嗣渤海王爲東魏武定五年時事，今從其卒年。

94 《太平御覽》730/5b

高澄嗣渤海王，朝於鄴，時有吳士目盲而妙於聲相。王使試之，聞劉桃桃板(劉桃枝)之聲，曰：「有所繫屬，當大富貴，王侯將相多死於其手。譬如鷹犬，爲人所使。」聞趙道德之聲，曰：「亦繫屬人。」聞太原公之聲，曰：「當爲人主。」聞王之聲，［不動，］崔暹私稱之，謬曰：「亦有國主也。」曰：「我家群奴猶當極貴，況吾身也。」

(108字)

《北齊書》、《北史》作：「聞文襄［世宗之］聲，不動。崔暹私掐之，乃謬言 ......」應從之。

此事見《北齊書》49/678(皇甫玉傳)、《北史》89/2938～9(皇甫玉傳)。

下條95亦見引。

高澄朝鄴事在北齊武定五年四月，卒於武定七年，即西魏大統十五年［549］。今從卒年。

95 《太平廣記》216/1654

後魏末，有吳士至北間，目盲而妙察聲。丞相嗣渤海王澄使試之。聞劉桃枝之聲曰：「當代貴王侯將相死於其手，然譬如鷹犬，爲人所使耳。」聞趙道德之聲曰：「亦貴人也。」聞太原公洋之聲曰：「當爲人主。」聞澄之聲，不動。崔暹私掐之，乃繆言：「亦國王(主)也。」王曰：「我家群奴猶當極貴，況吾身乎。」後齊諸王大臣賜死，多爲桃枝之所拉殺焉。而澄竟有蘭京之禍。洋受禪，是爲文宣王。

(141字)

此文又見於上條94《太平御覽》730/5b，引文或有不同。

96 《太平御覽》295/8b

梁蕭藻有操行。以父非命而卒，布衣菲食，非公坐不聽音樂。初爲益州刺史，時有焦僧護作亂，掩據郫、繁，衆有數萬。藻年未弱冠，將自擊之，乃乘平肩輿，巡行賊城。

流矢雨下，從者舉楯以蔽。藻命去之。因是物情大安。賊夜遁。梁武常稱其小字，歎曰：「子弟併如迦葉。吾復何憂。」
(104字)

見《梁書》23/361～2(蕭藻傳)。蕭藻卒於梁太清三年，即西魏大統十五年［549］，事在《三國典略》編年之前(參見下文379條)，今取卒年。

97 《太平御覽》749/5a

蕭子雲，齊豫章文獻王之子，有文學，工草書，與兄子顯、子昭齊名。少子特又善書。梁武帝稱之曰：「子敬之跡不及逸少，蕭特之書遂逼其父。」
(53字)

事見《梁書》35/515(蕭子雲傳)、《南史》42/1076(蕭子雲傳)。

梁武帝評語見《南史》，《梁書》則作「子敬之書，不及逸少。近見特跡，遂逼於卿。」

蕭子雲卒於梁太清三年，即西魏大統十五年［549］。其子蕭特卒於此前。

550 西魏大統十六年

正月

98 《太平御覽》966/5a

梁侯景未平，王僧辯獻嘉橘一帶(蔕)二十五子于湘東王。王答之曰：「昔文康獻橘十有二子。用今方古，彼有慚色。今景之凶惡既稔，凱歌之聲已及。嘉瑞遠臻，但增鯁慰。」**(63字)**

王僧辯，《梁書》45/623、《南史》63/1536有傳。湘東王即梁元帝蕭繹。《梁書》5/113、《南史》8/234有本紀。均未記及此事。唯《梁書》5/114(元帝紀)載：「大寶元年，正月辛亥朔，左衛將軍王僧辯獲橘三十子共蔕，以獻。」與此略有不同。

「文康獻橘十有二子」事見《宋書》29/836(符瑞志下)：「晉成帝咸和六年，鎮西將軍庾亮獻嘉橘，一蔕十二實。」(晉成帝謚曰文康。咸和六年是公元331年。)

大寶元年即西魏大統十六年［550］。

99 《資治通鑑》163/5035

庚午，邵陵王綸至江夏，郢州刺史南康王恪郊迎，以州讓之，綸不受；乃推綸爲假黃鉞，都督中外諸軍事，承制置百官。（《考異》曰：《太清紀》云：「三月，綸逼奪恪州，徙恪於郡廨。」今從《梁書》、《典略》。）

此事在梁大寶元年正月，即西魏大統十六年［550］。

100 《資治通鑑》163/5035

魏楊忠圍安陸，柳仲禮馳歸救之。諸將恐仲禮至則安陸難下，請急攻之。忠曰：「攻守勢殊，未可猝拔；若引日勞師，表裡受敵，非計也。南人多習水軍，不閑野戰，仲禮師在近路，吾出其不意，以奇兵襲之，彼怠我奮，一舉可克。克仲禮，則安陸不攻自拔，諸城可傳檄定也。」乃選騎二千，銜枚夜進，敗仲禮於漴頭，獲仲禮及其弟子禮，盡俘其衆。（《考異》云：《太清紀》作「潼頭」，在去年十二月。今從《典略》。）

此事在梁大寶元年正月，即西魏大統十六年［550］。

二月

101 《資治通鑑》163/5038

侯景遣侯子鑒帥舟師八千，自帥徒兵一萬，攻廣陵，三日，克之，執祖皓，縛而射之，箭遍體，然後車裂以徇；城中無少長皆埋之於地，馳馬射而殺之。(《考異》曰:《太清紀》曰:「城中數百人,」《典略》曰:「死者八千人。」今從《南史》。)

此事在梁大寶元年二月,即西魏大統十六年[550]。

五月

辛亥

102　《資治通鑑》163/5044～5

丙辰,[......]禪位於齊。(《考異》曰:[......]《典略》「辛亥,王還鄴。」)

此事在梁大寶元年五月,即西魏大統十六年[550]。

[辛酉]

103　《資治通鑑》163/5046

圓照軍至巴水,(《考異》曰:《南史》云:「六月辛酉,紀遣圓照東下。」按六月,己卯朔,無辛酉。《典略》在五月,或者五月辛酉歟?)

此事在梁大寶元年五月,即西魏大統十六年[550]。

乙丑

104　《資治通鑑》163/5047

丁亥，立李氏爲皇后。（《考異》曰：《典略》在五月乙丑。）

六月

105　《資治通鑑》163/5047

侯景以羊鴉仁爲五兵尚書。庚子，鴉仁出奔江西，將赴江陵，至東莞，盜疑其懷金，邀殺之。（《考異》曰：《太清紀》在十月。今從《梁帝紀》、《典略》。）

此事在梁大寶元年六月，即西魏大統十六年［550］。

106　《資治通鑑》163/5047

高涼冼氏，世爲蠻酋。（《考略》曰：《典略》作「沈氏。」今從《隋書》。）

此事在梁大寶元年六月，即西魏大統十六年［550］。

七月

107　《資治通鑑》163/5049

于慶略地至豫章，侯瑱力屈，降之，慶送瑱於建康。景以瑱同姓，待之甚厚，留其妻子及弟爲質，遣瑱隨慶徇蠡南諸郡，以瑱爲湘州刺史。(《考異》曰：《太清紀》在十一月。今從《典略》。)

此事在梁大寶元年七月，即西魏大統十六年［550］。

108　《資治通鑑》163/5056

侯景遣宋子仙等將兵二萬助約，以約守西陽，久不能進，自出屯晉熙。(《考異》曰：《典略》：「七月，景軍次濡須，使梁仲宣知留府事。」按《典略》，「九月，景請梁妃主同宴，」［......］《太清紀》、《梁書》、《典略》，「晉熙」皆作「皖口」。)

此事在梁大寶元年，即西魏大統十六年［550］。

十一月

109　《資治通鑑》164/5060

庚戌，湘東王繹遣護軍將軍尹悅、安東將軍杜幼安，巴州刺史王珣將兵二萬自江夏趣武昌。(《考異》曰：《典略》在去年十一月。)

《資治通鑑》記錄此事在梁大寶二年正月，《三國典略》記錄在西魏大統十六年［550］。

十二月

癸未

110 《資治通鑑》163／5057

偉收會理、敬禮、勸、勔及會理弟祁陽侯通理，俱殺之。(《考異》曰：《典略》云「十二月癸未，建安侯賁等告會理」。)

此事在梁大寶元年，即西魏大統十六年［550／12／31］。

本年中未確定月日的佚文

111 《太平御覽》215／8a

齊主命百司各列勤惰。尚書郎皇甫亮三日不上。齊主親詰其故。亮對曰：「一日雨，一日病酒。」齊主以其言實，遂優容之，令杖脛三十。

(50字)

事見《北史》38／1395(皇甫亮傳)：「屬有敕下司，各列勤惰。亮三日不上省，文宣親詰其故。亮曰：『一日雨，一日醉，一日病酒。』文宣以其恕實，優容之，杖脛三十而已。」

事屬北齊文宣帝年間，即西魏大統十六年[550]至北周武成元年[559]年間。

112 《太平御覽》643/6a

周諜入于齊，爲揚州刺史平鑒所獲，繫之獄。妻生男。鑒因喜醉，檀(擅)放免之。既醒知非，上啓自劾。齊主特原其罪。
(41字)

見《北史》55/2000(平鑒傳)。平鑒卒年不詳。此事在北齊天保年間，即西魏大統十六年［550］至北周武成元年［559］。

113 《太平御覽》162/4a

東魏薛琡，嘗夢山上掛絲。以告所善張亮。曰:「山上絲，幽字也。君必爲幽州。」後果如之。
(32字)

事見《北齊書》25/361、《北史》55/1995(張亮傳)。均在「夢」後有「亮於」二字。

薛琡，北齊天保元年卒［550］。《北齊書》25/361云：「武定初，拜太中大夫。［......］數月，亮出爲幽州刺史。」則此事發生於西魏大統九年［543］(東魏武定元年)以後。

張亮卒於天保初年：見《北史》、《北齊書》。

114　《太平御覽》227/9a

齊宋世良，字元友。魏孝莊時爲殿中侍御史。詣河北括戶，大獲游惰。至汲郡旁，見有骸骨，移書瘞之。其夜有雨滂沱。孝莊勞之曰：「卿所括得丁，倍於本帳。若官人皆如此，便是更生出一天下也。」

(73字)

《北齊書》46/639(宋世良傳)：「宋世良，字元友［......］爲殿中侍御史，詣河北括戶，大獲浮惰。還見汲郡城旁多骸骨，移書州郡，令悉收瘞。其夜，甘雨滂沱。還，孝莊勞之曰：『知卿所括得丁倍於本帳，若官人皆如此用心，便是更出一天下也。』」

《北史》26/941(宋世良傳)大同小異。

《北齊書》又云：「出除清河太守，［......］後齊天保中大赦，郡先無一囚，群吏拜詔而已。［......］除東郡太守，卒官。」據此推測，此條爲北魏孝莊帝年間時，在《三國典略》編年之前。可能應附入北齊天保年間，即西魏大統十六年［550］至北周武成元年［559］間。

115　《太平御覽》374/4b～5a

李庶，黎陽人，魏大司農諧之子也。以清卞(辯)每接梁客。徐陵謂其徒曰：「江北唯有李庶可語耳。」庶無鬚髯，人謂天閹。崔諶嘗翫庶曰：「教弟種鬚！取錐刺而爲竅，以馬尾揷之。」世傳諸崔多惡疾，以呼沱爲墓田。故庶答之曰：「先以方廻施貴族，藝眉有效，然後樹鬚。」邢邵笑謂諶曰：「卿不諳李庶，何故犯之?」

(112字)

「卞」《北史》作「辯」。

可參見《北史》43/1605(李庶傳)，而此文較詳。李庶卒於北齊天保年間，即西魏大統十六年至北周武成元年間［550～559］。

116　《太平御覽》644/2b～3a

東魏中尉宋遊道限外受故選狀詞。渤海王怒而禁之。獄掾欲爲之脫枷。遊道不肯，曰：「此王命所著，不可輒脫。」王聞而宥之。

(47字)

「王命」,《北齊書》作「令命」, 又金陵書局本等作「令公」,《北史》作「令公命」。似以「王命」爲確。稱「令公」與高澄官位不合。

此事見《北齊書》47/655、《北史》34/1275所載(宋游道傳)。傳云:「東萊王道習參御史選, 限外投狀, 道習與游道有舊, 使令史受之。」渤海王, 即北齊文襄帝高澄。宋游道卒於北齊天保年間, 即西魏大統十六年 [550] 至北周武成元年 [559]。

551 西魏大統十七年

正月

丙午

117 《資治通鑑》164/5062

齊遣散騎常侍曹文皎使于江陵。(《考異》曰:《典略》在正月, 丙午朔。)

此事《資治通鑑》收在梁大寶二年,《三國典略》在正月, 即西魏大統十七年 [551]。

118 《資治通鑑》164/5061

張彪遣其將趙稜圍錢塘, 孫鳳圍富春, 侯景遣儀同三司田遷、趙伯超救之，稜、鳳敗走。(《考異》曰：《典略》去年十一月，「彪自圍錢塘，與趙伯超戰敗于臨平，死者八萬餘人，走還剡。伯超兄子稜在彪軍中，謀殺彪，僞請與彪盟，引小刀披心出血自歃。彪信之，亦取刀刺血報之，刀適至心，稜以手按之，刀斜入不深，彪頓絕。稜謂已死，出外告彪諸將云：『彪已死，當共求富貴。』彪左右韓武入視之，彪已蘇，細聲謂曰：『我尚活，可與手。』武遂誅稜。彪復表於湘東王繹。」)

此事在梁大寶二年正月，即西魏大統十七年［551］。

二月

119　《太平御覽》339/2a

梁邵陵王綸篤好書史，妙工草隸。爲丹陽尹，擅造甲仗。梁武知之，［令］綸並沉于江中。及後出征，器械並闕，乃獨嘆曰：「吾昔聚仗，本備非常。朝廷見疑，逼使分散。今日討逆，卒無所資。」

(67字)

據《梁書》29/431～6(蕭綸傳)及《資治通鑑》164/5061，蕭綸卒於大寶二年二月乙亥，即西魏大統十七年［551］。

閏三月

丁未

120《資治通鑑》164/5063

閏月，景發建康。（《考異》曰：《典略》云「閏三月，丁未。」）

此事在梁大寶二年閏三月，但此月無丁未日，疑《三國典略》有誤，這一年即西魏大統十七年［551］。

四月

121《太平御覽》374/4b

侯景使宋子仙等執梁湘東王世子方諸及中撫軍長史鮑泉、司馬虞預于郢州。是日子仙等至，百姓奔告。方諸以五色雜綵編鮑泉白鬚，對之雙六(陸)，弗之信也。告者既衆，方命闔門。縣門未下，子仙已入。方諸等膜拜，而鮑泉遁于牀下。子仙窺見泉素髯間綵，疑愕憚之。及其被執，莫不驚笑。**(110字)**

《梁書》56/857(侯景傳)：「(大寶二年四月)景訪知郢州無備，兵少，又遣宋子仙率輕騎三百襲陷之，執刺史方諸、行事鮑泉。」又見於《梁書》30/449(鮑泉傳)，僅作：「賊騎至，百姓奔告，方諸與泉方雙陸，不信，曰：『徐文盛大軍在東，賊何由得至?』既而傳告者衆，始令闔門，賊縱火焚之，莫有抗者。」《資治通鑑》164/5064梁大寶二年所載與此近同。即西魏大統十七年［551］。

五月

122　《太平御覽》306/5ab

侯景西逼，梁湘東王遣晉州刺史蕭惠正率兵，援于巴陵。惠正辭以不堪，舉天門郡守胡僧祐以自代。王以爲武猛將軍，令其進發。僧祐謂其子［玘］曰：「汝可開兩高門，一朱一白，吾當以死決之。不捷不歸也。」王聞而壯之，厚撫其家，謂僧祐曰：「景便於陸道，不閑水門。賊若水戰，但以大艦臨之，自當必克。若其步戰，自可鼓棹，直就巴丘，不須交鋒。」

(130字)

此事《梁書》46/639～40亦有記載，而文字不盡同。據載爲梁大寶二年事，即西魏大統十七年［551］。《資治通鑑》164/5066～7記載此事收入這一年五月。

123 《太平御覽》329/7a

侯景西逼，陸法和率白服弟子頓于安南，乞征任氏。湘東許之。乃召諸蠻子弟八百人在江津。二日便登艦。大笑曰:「无量兵馬。」江陵舊多神祠，俗恆祈禱。自法和軍出，無復一驗。人以諸神皆行從故也。

(76字)

據《梁書》4/107(簡文帝紀)及5/116(元帝紀)，陸法和曾在梁大寶二年(西魏大統十七年，551)援巴陵，征任約，此事無記載。《北齊書》32/427～8(陸法和傳)記載此事，與此近同。事亦見《太平廣記》82/523，注出《渚宮舊事》。《資治通鑑》164/5067載陸法和援軍事在五月。

124 《太平御覽》929/4b

陸法和拒任約至安南，入赤亭湖。法和乘輕舟，不介胄，沿流而下，去約軍一里乃還，謂將士曰:「彼龍睡不動，吾軍之龍，其能踊躍。若待明日攻之，當不損客而自破賊。」

(63字)

陸法和，《北齊書》32/427、《北史》89/2941均有傳，內容相同，並載此事。

《北齊書》32/428云:「至赤沙湖, 與約相對, 法和乘輕船, 不介冑, 沿流而下, 去約軍一里乃還。謂將士曰:『聊觀彼龍睡不動, 吾軍之龍甚自踊躍, 即攻之。若得待明日, 當不損客主一人而破賊, 然有惡處。』」《北史》89/2942同。較《三國典略》所載爲勝。

此事在梁大寶二年, 即西魏大統十七年 [551], 與上條相連。

六月

乙巳

125　《資治通鑑》164/5067

以丁和爲郢州刺史, 留宋子仙等, 衆號二萬, 戍郢城, 別將支化仁鎮魯山, (《考異》曰:〈梁帝紀〉作「魏司徒張化仁。」按魏司徒安得爲景守城? 今從《典略》。)

此事在梁大寶二年六月乙巳, 即西魏大統十七年 [551]。

126　《資治通鑑》164/5067~8

范希榮行江州事, (《考異》曰:《典略》云:「江州刺史。」)

此事在梁大寶二年六月, 即西魏大統十七年 [551]。

壬戌

127 《資治通鑑》164/5070

丁亥，侯景還至建康。（《考異》曰：《典略》作「六月壬戌。」）

此事《資治通鑑》收在梁大寶二年七月，《三國典略》在六月，即西魏大統十七年［551］。

壬辰

128 《資治通鑑》164/5072

壬戌，棟即帝位。（《考異》曰：《典略》作「壬辰」，誤。）

此事在梁大寶二年八月，即西魏大統十七年［551］。

129 《太平御覽》602/6b～7a

蕭大心，字仁恕，小名英童。與大臨同年，十歲並能屬文，嘗雪朝入見。梁武帝詠雪，令二童各和，並援筆立成。

(41字)

蕭大心，《梁書》44/613及《南史》54/1338有傳，均失載此事。《資治通鑑》164/5071載其卒於梁大寶二年八月，即西魏大統十七年［551］。

十月

130 《太平御覽》365/7b

梁簡文方頰豐下，眉目秀發。
(11字)

「方頰豐下」四字見《梁書》4/109(簡文帝紀)。梁簡文帝卒於梁大寶二年十月，即西魏大統十七年［551］。

乙卯

131 《資治通鑑》164/5074

王僧辯等聞太宗殂，丙辰，啓湘東王繹，請上尊號。(《考異》曰：《典略》作「乙卯。」)

此事在梁大寶二年十月，即西魏大統十七年［551］。

十一月

132　《太平御覽》927/8a

侯景矯豫章嗣王捒(棟)命禪位於巳(己)。將拜受冊命，忽有丹觜鵲集於冊書。又夜有鵂鶹鳴於太極殿上。景深以爲惡，自控弦伺之。

(48字)

觜，音zui，即喙。鵂鶹，音xiuliu，即貓頭鷹。

此事前半段《南史》80/2011(侯景傳)及《梁書》56/859(侯景傳)均有記載，文字不盡相同。《南史》作：「忽有鳥似山鵲翔于景冊書上，赤足丹觜，都下左右所無。」《梁書》作：「忽有野鳥翔於景上，赤足丹觜，形似山鵲。」以下半段未見記載。

此事在梁大寶二年十一月，即西魏大統十七年［551～552］。

133　《太平御覽》342/8b

侯景篡位，遷豫章王捒(棟)別宮，白虹貫日三重。其夜，月入太微，掩帝坐。景所帶劍水精標無故墜落。景身自俯拾，心極惡之。

(46字)

見《梁書》56/859(侯景傳)，無「心極惡之」四字。此事在西魏大統十七年［551～552］。

本年中未確定月日的佚文

134　《太平御覽》931/4a

梁陸法和至襄陽城北大樹下，畫地方二尺，令弟子掘，得一龜，長一尺五寸。杖叩之曰：「汝欲出此，已數百歲，若不遇我，豈見天子日。」爲授三歸。龜乃入草去。
(59字)

此事見《北齊書》32/429及《北史》89/2943(陸法和傳)。唯其言曰：「汝欲出不能得，已數百歲，不逢我者，豈見天日乎?」與此略有不同。

此事在梁大寶二年，即西魏大統十七年［551］後。陸法和卒於北齊天保末年，即西魏恭帝三年至北周武成年間［556～559］。今暫置於551年。

135　《太平御覽》369/5b

陸法和進於巴陵，見王僧辯，謂之曰：「貧道已卻侯景一臂，更何能爲? 檀越宜即逐取侯景。」
(34字)

見《北齊書》32/428、《北史》89/2942(陸法和傳)。「逐」《北齊書》誤作「遂」。此事在梁大寶二年，即西魏大統十七年［551］。

136　《太平御覽》955/4ab

宋子仙召吳令沈景(烱)，令掌書記。景(烱)固辭以疾。子仙怒，命斬之。景(烱)解衣就戮，礙於路間桑樹，乃更牽往他處。或救之，獲免。

(45字)

見《陳書》19/253(沈烱傳)、《南史》69/1677(沈烱傳)。

宋子仙，為侯景叛軍將領，任侯景太保，見《梁書》侯景傳。

此事在梁大寶二年，即西魏大統十七年［551］。

137　《太平御覽》276/2ab

胡僧祐為梁名將。常以鼓吹置于齋中，恆坐對之，以自娛玩。或諫之曰:「公名望隆重，朝野具瞻。此是羽儀，可自居外。」僧祐曰:「我性愛之，恆須見耳。」

(55字)

見《南史》64/1553(胡僧祐傳)。據載爲梁大寶二年以後事，胡僧祐卒於梁承聖二年，此事即在此一期間，即西魏大統十七年至廢帝二年[551～553] 間。

138 《太平御覽》399/4b～5a

陰子春嘗爲東莞大守。時青州刺史三神念毁壞臨海神廟。當座揀(棟)上有一大蛇，役夫下擒，入於海水。爾夜子春夢見一人詣其府，云:「有人見苦，被壞宅舍。既無所託，欲憩此境。」子春心密記之。經二日，方知神念毁廟。因辦牲醑，立宇祠之。數日，夢一朱衣人謝曰:「得君厚惠，當以州相報。」經月餘，魏軍欲襲朐山。子春預知，設伏摧破。梁武以爲南青州刺史。

(134字)

「三神念」,《梁書》、《南史》均作「王神念」。

見《南史》64/1555(陰子春傳)。此爲梁武帝年間事。陰子春卒於梁大寶二年，即西魏大統十七年 [551]。

139 《太平御覽》378/2b

齊孟業有盛名。初，司州牧清河王岳聞業名，召爲法曹。

見其容貌短小，笑而不言。及尋斷決之處，乃謂業曰：「卿決斷之明，可謂有過軀之用。」

(53字)

見《北齊書》46/641～2、《北史》86/2874(孟業傳)。傳稱爲北齊天保初年時事，即西魏大統十七年［551］以後事。孟業亦卒於天保年間。今暫從天保初年。

552 西魏廢帝元年

二月

庚子

140　《資治通鑑》164/5077

甲戌，景遣郭元建帥步軍趣小峴，侯子鑒帥舟師向濡須，己卯，至合肥。（《考異》曰：《典略》「二月庚子，子鑒等圍合肥，克其羅城。」）

此事在梁承聖元年，即西魏廢帝元年［552］。

三月

丁丑

141 《資治通鑑》164/5079

丁丑，僧辯至姑孰，子鑒帥步騎萬餘人渡洲，於岸挑戰，又以鵃䑠千艘載戰士。（《考異》曰：《典略》作「烏䳍舫千艘。」）

此事在梁承聖元年三月，即西魏廢帝元年［552］。

壬午

142 《資治通鑑》164/5080

壬午，霸先於石頭西落星山築柵。（《考異》曰：《陳書》云：「橫隴立柵，」今從《典略》。）

此事在梁承聖元年三月，即西魏廢帝元年［552］。

143 《太平御覽》372/7b

侯景左足上有肉瘤，其狀如龜。戰應剋捷，瘤則隱起。如其不勝，瘤則低下。及奔敗，瘤陷肉中。

(35字)

見《南史》80/2016(侯景傳)。侯景卒於梁承聖元年四月，即西魏廢帝元年［552］。

144 《太平御覽》895/5a

梁普通中，童謠言或云：「青絲白馬」者。侯景乃常乘白馬，以青絲爲勒，用應謠言。

(30字)

此事又見《梁書》56/862(侯景傳)、《南史》80/1999(侯景傳)。

《南史》作「大同中童謠曰：『青絲白馬壽陽來。』［……］景乘白馬，青絲爲轡，欲以應謠。」《梁書》則作「普通中，童謠曰：『青絲白馬壽陽來』。後景果乘白馬，兵皆青衣。」《隋書》22/637(五行志上)作「大同中，童謠曰：『青絲白馬壽陽來。』其後侯景破丹陽，乘白馬，以青絲爲羈勒。」

梁大同年即西魏大統年間，此條今從侯景卒年，即西魏廢帝元年［552］。

145 《太平御覽》976/3b

梁蕭棟字吉，豫章安王權之子也。侯景以法駕迎棟。時棟與其妃執鋤種菜，忽然見逼，駭愕久之。

(37字)

蕭棟，《南史》53/1313有傳，云：「字元吉。及簡文見廢，侯景奉以爲主。棟方與妃張氏鋤葵，而法駕奄至，棟驚不知所爲，泣而升輦。」

蕭棟卒於梁承聖元年侯景敗後，據《資治通鑑》164/5083載爲三月辛卯。即西魏廢帝元年。

四月

146　《太平御覽》367/2a

梁謝答仁聞侯景奔，乃自東陽率衆候之。至錢塘，間(問)趙伯超曰：「公得何消息，而閉門見拒?」伯超曰：「汝頰邊頞有耳否? 侯王已死，遠近悉平，君將此兵欲向何處?」答仁曰：「審如公言，死無所恨。」

(71字)

此事在梁承聖元年，即西魏廢帝元年[552]。事爲正史失載。《資治通鑑》164/5085四月載「謝答仁討劉神茂還，至富陽，聞侯景敗走，帥萬人欲北出候之，趙伯超據錢塘拒之。」

147　《資治通鑑》164/5086

僧辯傳首江陵，截其手，使謝葳蕤送於齊；暴景屍於市，士民爭取食之，幷骨皆盡；溧陽公主亦預食焉。（《考異》曰：《典略》云：「復烹溧陽公主。」）

此事在梁承聖元年四月，即西魏廢帝元年［552］。

五月

148　《太平御覽》734/9b～10a

侯景之首至于江陵，梟之於市，然後煮而漆之，以付武庫。先是謠曰：「苦竹町，市南有好井。荆州軍，殺侯景。」及首至湖東，付諮議參軍宗季長。季長宅東有苦竹町，以景首置其中，用市南井水煮之。先是巫言有鬼萬計，斷頭折頸，入宅去來云。季長大懼，設齋迎佛，又有數萬烏自江津飛噪，集其家焉。

(113字)

此事見《南史》80/2017(侯景傳)。

「宗季長」傳作「李季長」。巫言云云爲傳不載。此事《資治通鑑》164/5088記在梁承聖元年五月戊寅，即西魏廢帝元年［552］。

十月

乙未

149 《資治通鑑》164/5092

語未竟，泰撫掌曰：「我解爾意，欲激我耳。」乃謂循曰：「王欲之荆，爲之益？」循請還江陵，泰厚禮遣之。（《考異》曰：《典略》云：「十月，乙未朔，太祖謂循」云云。）

此事在梁承聖元年，即西魏廢帝元年［552］。

十一月

150 《資治通鑑》164/5095

侯景之亂，零陵人李洪雅據其郡，上即以爲營州刺史。洪雅請討陸納，上許之。丁道貴收餘衆與之俱。納遣其將吳藏襲擊，破之，洪雅等退保空雲城。（《考異》曰：《典略》作「空零城」。）

此事在梁承聖元年十一月，即西魏廢帝元年［552］。

十二月

151 《太平御覽》974/5a

陸納反湘州，分其衆二千人夜襲巴陵，晨至城下。宜豐侯脩出壘門，座胡牀以望之。納衆乘水來攻，矢下如雨。脩方食甘蔗，曾無懼色，部分軍旅鼓而進之，遂獲其一艦，生擒六千人。納遂歸保長沙。

(75字)

脩，即宜豐侯蕭脩，《梁書》作蕭循。《南史》52/1298有傳，此事無載。據《梁書》5/132(元帝紀)，陸納反湘州，襲巴陵事在梁承聖元年十二月，即西魏廢帝元年［552～553］。《資治通鑑》164/5095記錄此事入於這一年十二月。

本年中未確定月日的佚文

152 《太平御覽》372/4a

王僧辯平侯景，或謂僧辯曰：「朝士來者，孰當先至?」僧辯曰：「其周孔正乎?」俄而孔正與弟孔讓自拔迎軍。僧辯甚喜，謂之曰：「公可坐膝上。」孔正對曰：「可謂加諸膝也。老夫何足當之。」

(67字)

見《南史》34/898～9(周弘正傳) 。此事在梁承聖元年，即西魏廢帝元年［552］。

153 《太平御覽》960/1b

梁元初，甘露降荊州皀莢樹。

(11字)

梁元帝初年，或即承聖元年，值西魏廢帝元年［552］。

154 《太平御覽》334/5a

梁陸納叛湘州時，造二艦，衣以牛皮，高十五丈。一曰青龍，一曰白虎。選其驍勇者乘之以戰。

(35字)

見《南史》63/1540(王神念傳)。陸納叛事在梁元帝初年，即西魏廢帝元年至廢帝二年間［552～553］。

553 西魏廢帝二年

正月

戊辰

155 《資治通鑑》165/5098

泰乃遣迥督開府儀同三司原珍等六軍，甲士萬二千，騎萬匹，自散關伐蜀。（《考異》曰：《典略》在正月戊辰。）

此事在梁承聖二年，即西魏廢帝二年［553］。

156 《太平御覽》907/3b

周命尉遲迥伐蜀，帥甲士一萬二千，騎萬疋(匹)，自散關由固道而入。太祖送於城西，見一走兎，命弟中領軍網(綱)射之。網(綱)誓曰：「若獲此兎，必當破蜀。」俄而獲兎。太祖喜曰：「事平之日，賞汝佳口。」及剋蜀，乃賜侍婢二人。**(79字)**

尉遲綱，《周書》20/339～40及《北史》62/2214有傳，載此事與此相同。

此事在西魏廢帝二年［553］，與上條相連。

三月

157 《資治通鑑》165/5098

王僧辯至巴陵，（《考異》曰：《典略》云：「三月辛酉。」據《長曆》，是月癸亥朔，無辛酉。《典略》誤。）宜豐侯循讓都督於僧辯。（《考異》曰：〈僧辯傳〉云：「與陳霸先讓都督。」今從《典略》。）

此事在梁承聖二年三月，即西魏廢帝二年［553］。

四月

甲子

158 《資治通鑑》165/5099

夏，四月，丙申，僧辯軍于車輪。（《考異》曰：《典略》作「甲子」，非也。）

此事在梁承聖二年四月，即西魏廢帝二年［553］。

159 《太平御覽》330/6a

梁武陵王蕭紀在蜀一十七年，開拓土宇，器甲殷積。有馬八千疋，既便騎射，尤工舞矟。

(33字)

見《南史》53/1332(蕭紀傳)。蕭紀卒於梁承聖二年，即西魏廢帝二年［553］。《資治通鑑》164/5084介紹蕭紀內容與此近同，收入梁承聖元年四月，即西魏廢帝元年［552］。

五月

160　《太平御覽》335/4a

蕭紀兵次西陵，艫舳旌戈，翳川曜日。護軍陸法和於硤兩岸築二壘，運石塡江，鐵鎖斷之。梁主令法和壘北斷白雁城道，別立小柵。

(50字)

見《梁書》55/826、《北齊書》32/428、《北史》89/2942(陸法和傳)。《資治通鑑》165/5100記錄此事入梁承聖二年五月，即西魏廢帝二年［553］。

161　《太平御覽》349/6a

梁以護軍將軍陸法和爲郢州刺史，封江乘縣公。法和嘗軍次白帝，謂人曰:「諸葛孔明可謂名將。吾目(自)見之，此城旁有埋弩箭鏃一斛許。」因令掘之。果如其言。

(60字)

「目」《北齊書》作「自」。

見《北齊書》32/428～9(陸法和傳)。此事在平蕭紀以後，值梁承聖二年，即西魏廢帝二年［553］。

八月

162　《太平御覽》156/4b～5a

梁元帝在江陵即位，欲還都建康。領軍將軍胡僧祐、太府卿黃羅漢、吏部尚書宗懍、御史中丞劉諫等曰：「建業王氣已盡，與虜止隔一江。若有不虞，悔無及也。且渚宮洲數滿百，當出天子。陛下龍飛，是其應乎。」梁主令朝臣議之。黃門侍郎周弘正、尚書左僕射王褒曰：「帝王所都，本無定處。其如黔首萬姓，未見輿駕入建業，謂是列國諸王。宜順百姓之心，從四海之望。」時江陵人士咸云：「弘正等皆是東人，志願東下，恐非良計。」弘正面折之曰：「若東人勸東，謂爲非計，君等西人欲西，豈成良策。」梁主笑之。又於後堂大會文武五百人，問之曰：「吾欲還業，諸卿以爲何如?」衆皆愕然，莫敢先對。梁主曰：「勸吾去者左袒。」於是，左袒者過半。武昌太守朱買臣入勸梁主，云：「建業舊都，塋(塋)陵猶在。荆鎮邊疆，非王者宅。願陛下弗疑，致後悔也。臣家在荊州，豈不願陛下住，但恐是臣富貴，非陛下富貴耳。」乃召卜者杜景豪，決其去留。遇兆不吉，答云：「未去。」景豪退而言曰：「此兆爲鬼賊所留也。」**(331字)**

朱買臣及杜景毫事均見下條163。

《周書》41/730(王褒傳)云：「初，元帝平侯景及擒武陵王紀之後，以建業彫殘，方須修復；江陵殷盛，便欲安之。又其故府臣寮，皆楚人也，並願即都荊郢。嘗召群臣議之。領軍將軍胡僧祐、吏部尚書宗懍、太府卿黃羅漢、御史中丞劉瑴等曰：『建業雖是舊都，王氣已盡。且與北寇鄰接，止隔一江。若有不虞，悔無及矣。臣等又嘗聞之，荊南之地，有天子氣。今陛下龍飛纘業，其應斯乎。[......]』」

《南史》8/244(梁本紀)云：「武陵之平，議者欲因其舟艦遷都建鄴，宗懍、黃羅漢皆楚人，不願移，帝及胡僧祐亦俱未欲動。[......] 宗懍及御史中丞劉懿以爲建業王氣已盡，且渚宮洲已滿百，於是乃留。」

《陳書》24/309(周弘正傳)云：「時朝議遷都，朝士家在荊州者，皆不欲遷，唯弘正與僕射王裒言於元帝曰：『若東脩以上諸士大夫微見古今者，知帝王所都本無定處，無所與疑。至如黔首萬姓，若未見輿駕入建鄴，謂是列國諸王，未名天子。今宜赴百姓之心，從四海之望。』時荊、陝人士咸云王、周皆是東人，志願東下，恐非良計。弘正面折之曰：『若東人勸東，謂爲非計，君等西人欲西，豈成良策。』元帝乃大笑之，竟不還都。」

《南史》34/899～900(周弘正傳)云:「他日，弘正乃正色諫，至于再三，曰:『若如士大夫，唯聖王所都，本無定處。至如黔首，未見入建鄴城，便謂未是天子，猶列國諸王。今日赴百姓之心，不可不歸建鄴。』[......]弘正退後，黃羅漢、宗懍乃言:『弘正、王褒並東人，仰勸東下，非爲國計。』弘正竊知其言，他日乃復上前面折二人，曰:『若東人勸下東，謂之私計，西人勸住西，亦是私計不?』[......]上又曾以後堂大集文武，其預會者四五百人，帝欲遍試人情，曰:『勸吾去者左袒。』於是左袒者過半。武昌太守朱買臣，[......]及是勸上遷，曰:『買臣家在荆州，豈不願官長住，但恐是買臣富貴，非官富貴邪!』」上深感其言，卒不能用。

《建康實錄》20/787:「梁元帝平侯景，徵弘正爲黃門侍郎，累遷散騎常侍。與王褒論利害，諫元帝下都建康，荆、峽人士皆云周、王比是東人，忞求東下，恐非良計。弘正面折曰:『若東人勸東下，謂非良計，即西人欲西，豈成良策?』元帝大笑，竟不還都。」

《資治通鑑》164/5094:「[承聖元年] 十一月丙子 [552/12/13]，世祖即皇帝位於江陵，改元，大赦。」《資治通鑑》165/5104此事收入承聖二年八月庚子 [553]，今從之。

163　《太平御覽》726/2b

梁武昌太守朱賈臣(朱買臣)聞元帝議遷都，入勸梁主云:「建鄴舊都，塋陵攸(猶)在。荆鎭邊疆，非王者宅。願陛下勿疑，致後悔也。臣家在荆州，豈不願陛下[住]？但恐是臣富貴，非陛下富貴耳。」乃召卜者杜景豪決去留，遇兆不吉，答云:「未去。」景豪退而言曰:「此兆爲鬼賊所留也。」事見京都部。

(98字)

此事見上條162(《太平御覽》156/4b)。

《太平御覽》156/5a中，「朱賈臣」作「朱買臣」;「攸在」作「猶在」;「豈不願陛下」作「豈不願陛下住」。《南史》8/244(梁元帝紀)作「閹人朱買臣,」非武昌太守。

此事在梁承聖二年，即西魏廢帝二年［553］。

十月

164　《太平御覽》326/7a

齊主以契丹犯塞，親征，至于平州，取其西道直指長漸一［塹］。司徒潘相樂率精騎五千，自東道趣青山，向白狼城。

安德王韓軌率精騎四千，斷其走路，追奔至于遼水。齊主露髮袒身，晝夜不息，行千餘里。唯食肉飲水，壯氣彌厲。親踰山嶺，爲士卒先。指揮奮擊，大破之。虜獲十萬餘口。
(105字)

長漸《北齊書》作長塹。

見《北齊書》4/57(文宣紀)，而文字前後有不同。此事在北齊天保四年，即西魏廢帝二年[553]。《資治通鑑》165/5105記載此事入這一年十月。

本年中未確定月日的佚文

165 《太平御覽》254/3b

梁(周)太祖制，以南汾州刺史韋孝寬爲雍州刺史。先是，路側一里置一土堠，經雨頹毀，每須修補。孝寬臨州，乃勒部內當土堆之處植樹以代之。既免修復之勞，旋又得庇蔭。太祖後見之，怪而問焉。人以狀對，太祖嘉之：「豈得一州獨爾。當令天下同之。」於是令諸州夾道一里種一樹，十里種二樹，百里五樹焉。
(115字)

事見《周書》31/538及《北史》64/2262，均作西魏廢帝二年［553］。

《通志》亦有。

166 《太平御覽》612/7b

周平蜀還，得樂器者，皆莫之識。大(太)常少卿斛斯瀓直陵切見之，曰：「此錞于也。」人弗之信。瀓遂依于寶(干寶)《周禮注》，以芒筒捋之，其聲極振。衆乃歎服。瀓取以合樂焉。

(57字)

此事見《北史》49/1788、《周書》26/432(斛斯徵傳)。

「瀓」，原作「濔」。《北史》、《周書》本傳作「徵」。西魏平蜀在廢帝二年［553］。

167 《太平御覽》598/6b

梁任果降同(周)。果字静鸞，南安人也。世爲方隅豪族，仕於江左，志在立功。太祖嘉其遠來，待以優禮，後除始州刺史，封樂安公，賜以鐵券，聽世傳襲。

(55字)

此事見《周書》44/799(任果傳)及《北史》66/2339(任果傳)。據傳，「志在立功」文前應有「果性勇決」四字。又任果爲西魏廢帝元年率所部來附。稱降周不甚妥。任果卒於尉遲迥平蜀後不久，即西魏廢帝二年

［553］以後。

168　《太平御覽》334/5a

梁陸法和多聚兵艦，欲襲襄陽，寇武關。梁王使止之。法和謂使者曰：「法和是求道之人，常不希釋梵天王坐處。豈規人主之位？但於空王佛所與主上香火因緣，見主上應有報至，故救援耳。今既被疑，是業不可改也。」

(82字)

「道」《北齊書》、《北史》均作「佛」，「常」均作「尚」。

見《北齊書》32/430、《北史》89/2944(陸法和傳)。此事在梁承聖二年至三年間，即西魏廢帝二年至恭帝元年［553～554］。

554　西魏恭帝元年

正月

169　《資治通鑑》165/5107～8

常山王演從晉州道夾攻，大破之，男子十三以上皆斬。(《考異》曰：

《北史》作「十二以上,」今從《典略》。）

此事在梁承聖三年正月，即西魏恭帝元年［554］。

二月

甲子

170　《資治通鑑》165/5111

甲辰，以王僧辯爲太尉、車騎大將軍。（《考異》曰：《典略》作「二月甲子。」）

此事在梁承聖三年，即西魏恭帝元年［554］。

三月

171　《太平御覽》895/5a

齊主北伐。太保領太僕安定玉(王)賀拔仁進馬並非駿足，齊王(主)讓之。仁對曰：「御馬超逸，群下不逮。」齊主大怒，免爲庶人，命之負炭輸於晉陽。

(52字)

賀拔仁，《北史》53/1909有傳。此事《北史》、《北齊書》等並無詳載。

《北史》7/251(齊本紀中)僅云:「太保賀拔仁坐違緩, 拔其髮, 免爲庶人, 使負炭輸晉陽宮。」

此事在北齊天保五年, 即西魏恭帝元年 [554]。《資治通鑑》165/5112記錄此事入這一年三月, 今從之。

172　《太平御覽》603/4b～5b

齊主命魏收撰《魏史》, 至是未成, 常令群臣各言其志。收曰:「臣願得直筆東觀, 早出《魏書》。」齊主乃令收專在史閣, 不知郡事。謂收曰:「當直筆, 我終不學魏太武誅史官。」於是廣徵百官傳, 總斟酌之。既成, 上之。凡十二袟、一百三十卷。尚書陸操謂楊愔曰:「魏收可謂博物宏才, 有大功於魏室。」愔曰:「此不刊之書, 傳之萬古。但恨論及諸家枝葉, 過爲繁碎。」時論收爲爾朱榮作傳, 以榮比韓、彭、伊、霍者, 蓋由得其子文略黃金故也。邢劭父兄書事皆優, 劭唯笑曰:「〈列女傳〉悉是史官祖母。」尚書左丞盧斐、臨漳令李庶、度支郎中王松年、中書舍人盧潛等言曰:「魏收誣罔一代, 其罪合誅。」盧思道曰:「東觀筆殊不直。」斐、庶等與收面相毀辱, 無所不至。齊主大怒, 乃親自詰問。斐曰:「臣父位至儀同, 收附於族祖中書郎玄傳之下。收之外親博陵崔綽, 位止功曹, 乃爲傳首。」齊主問收曰:「崔綽有何事跡? 卿爲之立傳。」收曰:「雖無爵位, 而道義可嘉。魏司空高允曾爲其贊，稱有道德，臣所以知之。」齊主曰:「司空才士，爲人作贊，理合稱揚，亦如卿爲人作文章，道其好者，豈能皆實?」收不能對。以其才名，不欲加罪。高德正其家傳甚美，乃言於齊主曰:「國史一定，當流天下，人情何由悉稱? 謗者當加重罪，不然不止。」齊主於是禁止，諸人各杖二百。斐、庶死於臨漳獄中。

(431字)

此事見《北齊書》37/487～9及《北史》56/2030～2(魏收傳)，文字略有出入。此事在北齊天保二年至八年間。《資治通鑑》165/5112記入梁承聖三年三月，即西魏恭帝元年［554］。今從《資治通鑑》。

四月

173　《太平御覽》593/6b～7a

周太祖大饗群臣。史宮(官)柳虯執簡書告于廟曰:「廢帝，文皇帝之嗣子，年七歲，文皇帝託於安定公曰:『是子也，才由公，不孝不才亦由公。勉之。』公既受茲重寄，居元輔之任，又納女爲皇后，遂不能訓誨有成，致令廢黜，負文皇帝付囑之意。此咎非安定公而誰?」太祖乃令太常盧辨作誥喻公卿曰:「嗚呼! 我群后曁衆士，維文皇帝以襁褓之嗣託於予，訓之誨之，庶厥有成。而予罔能，弗變厥心，庸曁乎廢，墜我文皇帝之志。嗚呼！茲咎予其焉避。予實知之。矧爾衆人心哉。惟予之顏，豈惟今厚，將恐後世以予爲口實。」

(193字)

此事見《周書》2/35(文帝紀下)、《北史》9/328～329，略有不同。《周書》作：「是子才，由于公，不才，亦由于公，宜勉之。」《北史》作「是子也，才，由公，不才，亦由于公，公宜勉之。」「于廟」，《周書》作「於朝」，《北史》同之。又「盧辨」，《北史》作「盧辯」。「弗變厥心」，《周書》作「革變厥心」，均通，未知孰正。事在西魏恭帝元年［554］四月。

174　《太平御覽》310/5b～6a

茹茹寇肆，齊王(主)自晉陽討之。虜騎散走，大軍遂還。齊主率二千餘騎爲殿，夜宿黃爪(瓜)堆。茹茹別部數萬騎，扣鞍而進，四面圍逼麾下。齊主安臥，平明方起，神色自若，指畫軍形，潰圍而出。虜騎追擊之，伏尸二十里，獲奄羅辰妻子，生口三萬餘。令都督高阿那肱率騎數千，塞其走道。那肱以兵少，請益。齊主更減其半。那肱騎奮擊，亦大剋捷。

(128字)

見《北史》7/251、《北齊書》4/58(文宣紀)。

《北史》「茹茹」作「蠕蠕」、「爪」作「瓜」、「奄羅辰」作「菴羅辰」、「虜騎追擊之」《北齊書》作「虜乃退走，追擊之。」應從之。「令都督高阿那肱率騎數千」以下諸文字為《北史》、《北齊書》所無。

據《北齊書》，此事在北齊天保五年夏四月丁巳［554］。《資治通鑑》165/5112記載此事入這一年。

五月

175　《資治通鑑》165/5113

太師泰命車騎大將軍李遷哲與敦共討爍等，平之。仍與敦南出，徇地至巴州，巴州刺史牟安民降之。(《考異》曰：《典略》云：「斬梁巴州刺史牟安平。」)

此事在梁承聖三年五月，即西魏恭帝元年［554］。

十月

176　《太平御覽》306/5b

周遣常山郡公子謹(于謹)，率中山公宇文護、大將軍楊忠等，步騎五萬南伐。太祖餞於青泥谷。時庾信來聘，未返。太祖問之曰：「我遣此兵馬，縛取湘東、關西作博士，卿以爲得不?」信曰：「必得之，後王勿以爲不忠。」太祖笑而頷之。**(83字)**

于謹傳見《周書》15/247、《北史》23/847，均載此事，而文字不同。未言及庾信與周太祖(文帝)對話。西魏當時尚未禪位於周。西魏伐梁元帝事在承聖三年，即西魏恭帝元年[554]，《資治通鑑》165/5117作「冬，十月，壬戌，發長安。」

丁卯

177　《太平御覽》304/3ab

周伐梁，于謹大軍次于樊、鄧，岳陽王率軍會之。傳檄于梁曰：「告梁文武衆官。夫作國者，罔弗以禮信爲本。惟爾今主往遭侯景逆亂之始，實結我國家以鄰援。今揔(總)背德，黨賊高洋，引厥使人，置之堂宇，傲我王命，擾我邊人。我皇帝襲天之意，弗敢以寧，分命衆軍，奉楊(揚)廟略，凡衆十萬，直指江陵。」丁卯，梁主停講，內外誡(戒)嚴。是朝昏霧，已(巳)時方歇。梁主親戎，百官並甲冑從於禊飲堂間，公私馬仗。是日大風拔木。王琛既至石梵，未見我軍。乃馳書報黃羅漢曰：「吾至[石]梵，境上怗然，前曰(日)所言，皆兒戲耳。」羅漢入啓，梁主疑之。庚午續講，百官以戎服聽。

(205字)

「公私馬仗」下疑有脫文。「吾至」下脫石字。

文中云「我軍」，爲周朝口吻。《梁書》5/134云：「(承聖)三年，九月辛卯，世祖於龍光殿述《老子》義，［......］丁卯，停講，內外戒嚴，輿駕出行都柵。是日，大風拔木。」則此事應屬西魏恭帝元年［554］，稱「周伐梁」不確。《資治通鑑》165/5118作：「王琛至石梵，未見魏軍，馳書報黃羅漢曰：『吾至石梵，境上帖然，前言皆兒戲耳。』」

十一月

癸未

178　《太平御覽》328/6ab

十一月癸未，梁主閱戎，千(于)津陽門外立二城。南爲吳地，北爲虜城。西北風甚急，溥天昏暗，幡旗南靡。乃移虜軍度南城，吳軍度北城，以順風也。俄而驟雨暴降。梁王輕輦還宮，至城而霽。觀者怪之。

(74字)

此事見於《南史》8/242(梁本紀)，作：「［承聖三年］十一月甲申，幸津陽門講武，置南北兩城主。帝親觀閱，風雨總集，部分未交，旗幟飄亂，帝趣駕而回，無復次序。風雨隨息，衆竊驚焉。」《資治通鑑》165/5118作「十一月，帝大閱於津陽門外，遇北風暴雨，輕輦還宮。癸未，魏軍濟漢。[......] 甲申，護克武寧。」與此處及《南史》記日均不同。今從《三國典略》入西魏恭帝元年十一月癸未 [554/12/10]。

甲寅

179 《資治通鑑》165/5120

甲寅，魏人百道攻城。(《考異》曰：《梁紀》作「辛卯」，誤也。今從《典略》。)

此事在梁承聖三年十一月，即西魏恭帝元年 [555/1/10]。

180 《太平御覽》890/5b

周軍逼江陵，梁人率步騎開枇杷門出戰。初，嶺南獻二象于梁。至是梁王(主)被之以甲，負之以樓，束刃於鼻，令崑崙馭之以戰。楊忠射之，二象反走。

(55字)

事見《周書》19/317(楊忠傳)。此事在西魏恭帝初年 [554～555]。

181 《太平御覽》375/9b

周師圍江陵。謝答仁請守子城。梁主即授城內大都督。既而召王裒謀之。裒以爲不可，答仁請入不得，歐(嘔)血而去。
(43字)

見《南史》8/244～5(梁本紀)。此事在梁承聖三年十一月，即西魏恭帝元年［554～555］。

182 《太平御覽》619/7a

周師陷江陵，梁王(主)知事不濟，入東閣竹殿，命舍人高善寶焚古今圖書十四萬卷，欲自投火與之俱滅。宮人引衣，遂及火滅盡，并以寶劍斫柱令折，歎曰：「文武之道，今夜窮矣。」
(66字)

此段參見下引《歷代名畫記》**1/4b～5b:**

梁武帝尤加寶異，仍更搜葺。元帝雅有才藝，自善丹青，古之珍奇充牣內府。侯景之亂，太子綱數夢秦皇更欲焚天下書。既而內府圖畫數百函果爲景所焚也。及景之平，所有畫皆載入江陵，爲西魏將于謹所陷。元帝將降，乃聚名畫法書及典籍二十四萬卷，遣後閣舍人高善寶焚之。帝欲投火俱焚，宮嬪牽衣得免。吳越寶劍並將斫柱令折。乃歎曰：「蕭世誠遂至于此，儒雅之道今夜窮矣。」于謹等於煨燼之中收其書畫四千餘軸，歸于長安。故顏之推〈觀我生賦〉云:「人民百萬而囚虜，書史千兩而煙颺。史籍已來，未之有也。溥天之下，斯文盡喪。」

《南史》8/244～5：及魏人燒柵，[......] 帝 [.....] 乃聚圖書十餘萬卷盡燒之。《梁書》5/135僅作：[三年十一月] 丁酉，大風，城內火。《資治通鑑》165/5121：[元帝承聖三年十一月甲寅] 帝入東閣竹殿，命舍人高善寶焚古今圖書十四萬卷，將自赴火，宮人左右共止之。又以寶劍斫柱令折，歎曰：「文武之道，今夜盡矣。」[焚書、折劍，以爲文武道盡。] 乃使御史中丞王孝祀作降文。

同165/5122「[十二月丙辰]：或問：『何意焚書?』帝曰：『讀書萬卷，猶有今日，故焚之』[帝之亡國，固不由讀書也。] [......] 辛未，帝爲魏人所殺。」時值西魏恭帝元年 [554～555]。

183 《資治通鑑》165/5121

帝入東閣竹殿，命舍人高善寶焚古今圖書十四萬卷。(《考異》曰:《隋經籍志》云:「焚七萬卷,」《南史》云「十餘萬卷。」按周僧辯所送建康書已八萬卷，幷江陵舊書，豈止七萬卷乎? 今從《典略》。)

此事已見《太平御覽》619/7a，在梁承聖三年十一月，即西魏恭帝元年 [554～555]。

184 《資治通鑑》165/5121

逢于謹，胡人牽帝使拜。(《考異》曰:《典略》云:「謹摀梁主令西至龍泉廟，出武陵、河東二王子孫於獄，列於沙州，鎖械嚴酷，瘡痍腐爛，引梁主使視之，謂曰:『此皆骨肉，忍虐如此，何以爲君?』上無以應。」)

此事在梁承聖三年十一月，即西魏恭帝元年［554～555］。

185 《太平御覽》982/3a

周師陷江陵。初，梁主以白檀木爲梁武之像，每朔望親祭之。軍人以其香也，剖而分之。
(33字)

梁元帝都江陵，當陷於西魏恭帝元年［554～555］。此稱周師不確。此事不見於史載。

十二月

186 《資治通鑑》165/5123

于謹收府庫珍寶及宋渾天儀、梁銅晷表、大玉徑四尺及諸法物；盡俘王公以下及選百姓男女數萬口爲奴婢，(《考異》曰:《典略》作「五十萬。」）

此事在梁承聖三年十二月，即西魏恭帝元年［554～555］。

187　《太平御覽》398/4b

梁孝元，字世誠，梁武第七子也。小字七符。初，梁武夢眇目僧執香鑪，稱託生王宮。既而釆(彩)女石氏侍，始褰戶幔，有風迴裙。梁武帝意感幸之。釆(彩)女夢月墮懷中，遂孕。孝元載誕之夕，舉室光明，室中有非常香氣，及紫胞之異。

(84字)

「石氏」二字《南史》無。「裙」《南史》作「裾」。

見《南史》8/234(梁本紀)。梁孝元帝卒於梁承聖三年十二月，即西魏恭帝元年［554～555］。

188　《太平御覽》614/2b

梁孝元字世誠，初年五歲，梁武問曰：「讀何書?」對曰：「能讀《曲禮》。」梁武曰：「汝試言之。」孝元即誦上篇。左右莫不驚歎。及長，精神爽雋。

(48字)

梁孝元皇帝，諱繹，字世誠，廟號世祖。此條原見《梁書》5/135(元帝紀)及《南史》8/242～3(梁本紀下)。

《梁書》作：「世祖聰悟俊朗，天才英發。年五歲[《南史》作五六歲]，高祖問：『汝讀何書?』對曰：『能誦《曲禮》。』高祖曰：『汝試言之。』即誦上篇，左右莫不驚歎。」梁孝元帝卒於梁承聖三年，即西魏恭帝元年 [554～555]。

189 《太平御覽》 405/6ab

周獲梁俘王褒、王克、劉瑴、宗懍、殷不害等。至長安，太祖喜曰：「晉氏平吳之利，二陸而已。今定楚之功，群賢賢畢至。可謂過之矣。」乃謂褒及克曰：「吾即王氏甥也。卿等並吾之舅氏，當以親戚爲情。勿以去鄉分(介)意。」皆厚禮待，引爲賓客。

(85字)

「太祖」《北史》作「周文」。「晉氏」二字《周書》、《北史》均作「昔」。「賢賢」衍一「賢」字，《周書》、《北史》均無。

見《周書》41/731、《北史》83/2792(王褒傳)。此爲西魏恭帝元年事[554～555]。《資治通鑑》165/5124記載此事入這一年十二月，無「太祖喜曰」以下字句。

本年中未確定月日的佚文

190 《太平御覽》**306/3a**

齊主曰:「今日飲酒樂哉。」武衛將軍斛［律］光進曰:「關西未平，人爲仇敵，陛下亦何樂哉? 會當馬步十萬，三道渡，由平道陷玉壁(玉壁)，拔長安，自爪涼色來納在掌握，使百官襲冠冕，軍士釋介胄，然後稱樂。」齊主謂群臣曰:「明月常有此意，憂國如家。卿輩無及之者。」平原王段韶出，謂光曰:「卿勝先帝耶? 先帝以四十萬攻玉壁(玉壁)，不利而還。將兵如盤擎水，誤即傾覆。何容易而輕言之?」光笑曰:「非卿所知。」
(146字)

斛律光，字明月，《北齊書》17/222有傳。此事無載。據《北齊書》云，斛律光在北齊天保三年前爲左衛將軍，又據《北齊書》16/210(段韶傳)，段韶在天保五年後才被封爲平原郡王，則此事記載疑有失誤。似應在天保五年，即西魏恭帝元年［554］以後。

191 《太平御覽》**646/8b**

齊兗州刺史武城縣公崔陵恃預舊恩，頗自矜縱。寵妾馮氏假其威刑，恣情取納，風政不立。爲御史所劾，召收繫廷尉考竟，遂死獄中。
(51字)

「陵」《北齊書》等均作「悛」。

此事見《北齊書》23/335(崔悛傳)、《北史》24/871(崔悛傳)。崔悛卒於北齊天保五年，即西魏恭帝元年［554］。

192　《太平御覽》619/6a

郎基，字世業，中山新市人，魯郡太守智之孫也。泛涉墳籍，淸愼無所營求。嘗語人云:「任官之所，木枕亦不須作，況重於此乎。」唯頗令人寫書。樊子蓋曾遺之書曰:「在官寫書，亦是風流罪過。」基答曰:「觀過知仁，斯亦可矣。」
(82字)

「樊子蓋」《北齊書》、《北史》均作「潘子義」。

見《北齊書》46/640～1、《北史》55/2013～4(郎基傳)。郎基卒年不詳。據《北齊書》34/456(楊愔傳)，楊愔天保初遷尚書右僕射。郎基傳中有「僕射楊愔迎勞之」語。此事在其後，値西魏恭帝元年［554］以後。今暫附於西魏恭帝元年。

193　《太平御覽》226/6a

梁張綰，字孝卿，雍州刺史續(纘)之第(弟)也。梁主策其百事，綰對闕其六，乃號爲百六公。常爲御史中丞，兄續(纘)爲僕射。元日朝會，及百司就列，兄弟並導騶兩塗。前世未有。時人榮之。

(66字)

事見《南史》56/1389、《梁書》34/503～4(張綰傳)。張綰，梁承聖三年卒［554］。

《梁書》云：「大同四年元日，舊制僕射中丞坐位東西相當，時綰兄纘爲僕射，及百司就列，兄弟導騶，分騶兩陛，前代未有也，時人榮之。」則此事發生於梁大同四年［538］(西魏大統四年)。今從張綰卒年。

555　西魏恭帝二年

正月

甲午

194　《資治通鑑》166/5126

岳至義陽，江陵陷，因進軍臨江，郢州刺史陸法和及儀同三司宋蒞舉州降之。（《考異》曰：《北齊紀》云：「壬寅，岳渡江，克夏首，送法和。」按《典略》，甲午，齊已召岳還。今從《典略》。）

此事在梁紹泰元年正月，即西魏恭帝二年［555］。

195　《資治通鑑》166/5126～7

甲午，齊召岳還，使儀同三司清都慕容儼戍郢州。（《考異》曰：《梁紀》「四月，法和降齊，使侯瑱討之。」按齊主〈與王僧辯書〉云：「清河王岳今次漢口，與陸居士相會。」然則法和先已降齊也。今從《典略》。）

此事在梁紹泰元年正月，即西魏恭帝二年［555］。

三月

196　《資治通鑑》166/5129

王僧辯遣使奉啓於貞陽侯淵明，定君臣之禮，又遣別使奉表於齊，以子顯及顯母劉氏、弟子世珍爲質於淵明。（《考異》曰：《典略》：「三月，辛卯，遣廷尉張種等送質于鄴。」）

此事在梁紹泰元年五月，《三國典略》記於三月，因蕭淵明五月始入建康，疑誤。即西魏恭帝二年［555］。

五月

197　《資治通鑑》166/5143

五月，齊人召建安公淵明，詐許退師。(《考異》曰：《典略》云：「五月，齊主在東山飲酒，投杯赫怒，召魏收於前，立爲制書，欲自將西討長安，令上黨王渙將兵伐梁，於是渙南侵。」)

此段《三國典略》佚文又見於《太平御覽》599/7ab。此事在梁太平元年五月，即西魏恭帝三年［556］。參見下條。

198　《太平御覽》599/7ab

齊王在東山飲酒，投柸(杯)怒赫，召魏收於前，立爲書曰：「朕歷數在射(躬)，志清四海，蕞爾秦、隴，久阻風化，混一之事，期在今日。必當訓旅誓衆，天動雲臨。朕已下木汾流，成舡晉地，便當躬先將士，入王璧(玉壁)，徑掩長安，梟彼兇首。朕與梁國舊敦好睦，聞其姦計，乃欲規謀。宜令上黨王渙總勒熊熊(熊羆)，星流風卷。王者之言，明如日月，宜宣內外，咸使聞知。」書成，齊主覽之，於兇首下足九言曰：「雖藏山沒水，終不縱赦。」於是遣渙南侵。
(157字)

此事不見於北朝諸史。《北齊書》4/59(文宣紀)，天保六年，「詔以梁散騎常侍、貞陽侯蕭明爲梁主，遣尚書左僕射、上黨王渙率衆送之。」則此事在西魏恭帝二年［555］。《資治通鑑》166/5149記載：「帝游宴東山，以關、隴未平，投盃震怒，召魏收於前，立爲詔書，宣示遠近，將事西行；」入梁太平元年，即西魏恭帝三年［556］，係指欲征伐西魏，而非南侵，亦無載書信內容。此處自「朕與梁國舊敦好睦，」以上亦指西魏，而下文卻轉指梁國，似文意不通，疑此引文誤將伐西魏與伐梁二事混爲一處。今暫依南侵之說，從《北齊書》，入西魏恭帝二年。

庚子

199　《資治通鑑》166/5129～30

淵明與齊上黨王渙盟於江北，辛丑，自采石濟江。(《考異》曰：［......］按《典略》，「五月，庚子，僧辯逆淵明，辛丑，濟江；癸卯，至建康。」今從之。)

此事在梁紹泰元年五月，即西魏恭帝二年［555］。

九月

丁未

200　《資治通鑑》166/5133

丙午，貞陽侯淵明遜位，出就邸。（《考異》曰：《典略》：「丁未，廢貞陽侯出就邸。」）

此事在梁紹泰元年九月，即西魏恭帝二年［555］。

十月

201　《資治通鑑》166/5134

僧辯死，龕據吳興拒霸先，義興太守韋載以郡應之。（《考異》曰：《典略》作「韋載」。）

此事在梁紹泰元年十月，即西魏恭帝二年［555］。

202　《資治通鑑》166/5134

吳郡太守王僧智，僧辯之弟也，亦據城拒守。（《考異》曰：《南史》云：「僧智奔任約。」今從《典略》。）

此事在梁紹泰元年十月，即西魏恭帝二年［555］。

十一月

己巳

203　《資治通鑑》166/5136

癸未，使侯安都夜襲胡墅。（《考異》曰：《典略》作「己巳」。）

此事在梁紹泰元年十一月，即西魏恭帝二年［555］。

204　《太平御覽》728/5ab

清河王岳，神武從父弟也。初，家于洛邑。神武奉使入洛，常止岳舍。母山氏嘗夜起，見神武室中有光，窺而無火，移於東屋，其光復存。以爲怪也，詣卜者筮之，遇乾之大有，占曰：「吉，《易》稱『飛龍在天，大人造也』。飛龍九五大人之卦，當大貴。主人蒙其福。」神武起兵於信都，山氏聞之，大喜，謂岳曰：「赤光之瑞，今當驗矣。可聞(間)從之，共圖大計。」岳至信都，神武以爲散騎常侍，封山氏爲郡君，授女侍中，入侍皇后。
(151字)

此事見《北齊書》13/174、《北史》51/1846～7(高岳傳)。文字基本相同。

「可聞從之」，傳作「可間行從之」，「聞」不通，當從史傳。

北齊神武帝起兵信都事在北魏普泰元年［531］。高岳卒於天保六年十一月［555］。今從高岳卒年。

本年中未確定月日的佚文

205 《太平御覽》299/5a

蕭明［與］王僧辨(辯)書曰：「凡諸部曲，並使招攜。投赴戎行，前後雲集。霜戈電戟，無非武庫之兵；龍甲犀渠，皆是雲臺之仗。」

(43字)

《北齊書》33/442(蕭明傳)云：「上黨王進軍，明又與僧辯書，往復再三，陳禍福。」唯不載書內容。《梁書》45/634(王僧辯傳)中載蕭明與王僧辯往來書啓中亦無此語。此事在北齊天保六年，即西魏恭帝二年［555］。

206 《太平御覽》264/9a

張軌入關，拔岳以爲倉曹參軍。或有請貸官粟者。軌曰：

「以私害公，非吾宿志。濟人之難，詎得相違。」乃賣所服之衣，糴粟以賑其乏。

(49字)

事見《周書》37/664、《北史》70/2419(張軌傳)。張軌卒年不詳，約在西魏恭帝二年［555］以後。

207　《太平御覽》380/2b

李繪儀貌端偉，神情朗儁。舅河間邢晏每與之言，歎其高遠，稱之曰：「若披煙霧，如對珠玉。宅相之奇，良在此甥。」文襄嗣業，晉代山東諸郡其特降書徵者，唯繪、清河太守辛術二人而已。

(70字)

見《北齊書》29/394、《北史》33/1207～8(李繪傳)。

「文襄嗣業，晉代山東諸郡其特降書徵者，唯繪、清河太守辛術二人而已」，《北齊書》無。

傳稱：「天保初，爲司徒右長史。繪質性方重，未嘗趨事權勢，以此久而屈沉。卒。」據此，李繪可能卒於北齊天保末年，即西魏恭帝二年至北周武成元年左右［555以後］。

208　《太平御覽》837/4ab

後梁有何山者。其射之妙，人莫能及。有烏噪於庭樹，蕭詧惡之，謂山曰：「射中者賜一車穀。」其烏巢並於枝上。山曰：「脫一箭中兩，請賜兩車。臣無車牛，願官爲送。」詧許之。於是山射中其二項。詧甚欣悅，即令載穀送之。
(81字)

蕭詧爲後梁帝共七年，即西魏恭帝二年至北周保定元年［555～561］，此事在此期間。

556　西魏恭帝三年

正月

丁亥

209　《資治通鑑》166/5141

既而杜泰降於蒨，龕尚醉未覺，蒨遣人負出，於項王寺前斬之。（《考異》曰：［......］《典略》「魏恭帝二年，十二月，蒨命劉澄等攻龕，大敗之，龕乃降；明年，正月丁亥，周鐵虎送杜龕祠項王神，使力士拉龕於坐，從弟北叟、司馬沈孝敦並賜死。」）

此事在梁太平元年正月，即西魏恭帝三年［556］。

210　《資治通鑑》166/5141

王僧智與其弟豫章太守僧愔俱奔齊。(《考異》曰：《典略》「魏恭帝三年，正月初，僧愔與瑱共討曲江侯勃，至是，吳州刺史羊亮說僧愔襲瑱，而翻以告瑱，瑱攻之，僧愔奔齊。」)

此事在梁太平元年正月，即西魏恭帝三年［556］。

211　《太平御覽》399/4b

江陵平梁，御史中丞沈炯遷長安。太祖授儀同三司，甚禮待之。炯恐太祖愛其文才，桓(恆)閉門卻掃，無所交游。時有文章，隨即毀棄，不令流布。嘗獨行，經漢武通天臺，爲表奏之，陳巳(己)思歸之意。奏訖。其夜炯夢見有宮禁之所，兵衛甚嚴，炯便以情事陳訴。聞有人言：「甚不惜放卿，幾日可至。若一月內，見關出此，恐不復由我。」寤而異之。當時以爲恍忽。十餘日，便有命放還，遂與王克等並得東歸。

(148字)

見《陳書》19/254、《南史》69/1678(沈炯傳)。

「若一月內，見關出此，恐不復由我」語，《陳書》、《南史》均無。此爲梁紹泰二年事，即西魏恭帝三年［556］。

六月

甲辰

212 《太平御覽》313/3b

齊師伐梁，大至于鍾山龍尾。周文育請戰。陳霸先曰：「兵不逆風。」文育曰：「事急矣，當決之，何用古法?」抽槊上馬，殺傷數百人。齊軍乃移營于莫府山。

(55字)

「兵」《南史》作「矢」。

見《陳書》8/139～40、《南史》66/1603(周文育傳)。據《陳書》1/10(高祖紀)此事發生於梁紹泰二年六月甲辰至丁未，即西魏恭帝三年［556］。又周文育卒於天嘉三年，即北周保定二年［562］。

213 《太平御覽》332/6b

陳霸先遣錢明領水軍出江寧浦，要擊齊人糧運，盡獲其舡。

於是齊軍大餒，殺馬驢而食之。

(35字)

見《陳書》1/11(高祖紀)、《南史》9/263(陳本紀)。此事在梁紹泰二年，即西魏恭帝三年［556］。《資治通鑑》166/5145記載此事與此近同，唯「江寧浦」作「江乘」，收入這一年六月。

214　《太平御覽》999/2a

齊師伐梁。梁以糧運不繼，調市人餽軍。建康令孔奐以麥屑爲飯，用荷葉裹之。一宿之間得數萬裹。

(38字)

「麥」，原作「夌」，誤。「裹」亦省寫作「裏」。均當改正。

此事見下文。

215　《太平御覽》332/6b～7a

以糧運不繼，調市人餽軍。建康令孔奐以麥屑爲飯，用荷葉裹之。室(壹)宿之間，得數萬裹，以給兵士。會陳蒨遣送米三千石，鴨千頭。霸先即炊黍煮鴨，誓申一戰。計糧分肉，人獲數臠。

(68字)

「室」《陳書》、《南史》均作「一」。

見《南史》27/729(孔奐傳)、9/263(陳本紀)、《陳書》21/284(孔奐傳)。據《陳書》1/10(高祖紀)，此事在梁紹泰二年，即西魏恭帝三年[556]，《資治通鑑》166/5145記載此事入這一年六月甲寅。

216　《太平御覽》313/4a

陳霸先衆軍自覆舟東移頓郊壇。北齊人相對。侯安都謂蕭摩訶曰:「卿驍勇有名，千聞不如一見。」摩訶對曰:「今日令公見矣。」命衆軍秣馬蓐食，遲明攻之。侯安都墜馬，被圍。蕭摩訶獨騎大呼直衝，齊軍披靡，安都乃免。霸先自率帳內麾下出莫府山南。吳明徹、沈泰等衆軍首尾擊之。齊人大潰，自相蹂藉，壅川塞谷。

(119字)

「今日令公見矣」以上，見《陳書》31/409、《南史》67/1646～7(蕭摩訶傳)；以下，見《陳書》1/10(高祖紀)。此事發生於梁紹泰二年，即西魏恭帝三年[556]。《資治通鑑》166/5145記載此事入這一年六月乙卯。

217　《太平御覽》323/8a

齊師既敗，軍士奔至江者，縛荻爲筏，多被沒溺。浮屍翳江，至于京。先是童謠曰:「虜馬萬疋入南湖，城南酒家使虜奴。」至是梁軍士以齊兵質酒，一人纔得一醉。
(60字)

《陳書》1/11(高祖紀)無「先是童謠曰:」以下文字。《南史》9/264(陳本紀)作:「先是童謠云:『虜萬夫，入五湖，城南酒家使虜奴。』」此事在梁紹泰二年，即西魏恭帝三年［556］。《資治通鑑》166/5146記載此事入這一年六月乙卯。

218 《太平御覽》214/6a

東魏以楊愔典選，嘗六十人爲一甲。愔令其自敍訖，不省文簿，便次第呼之。呼誤以慕容爲長孫一人而已。有職人魯漫漢，自言微賤,不蒙記。愔曰:「卿前在元子思坊乘驢，遙見我，不下，以方麴障面。我何不識卿耶?」漫漢驚服。愔又謂之曰:「名以定體，果自不虛。」令史唱名，誤以盧士深爲士琛。深自言其名。愔曰:「盧郎朗潤，所以加玉。」
(125字)

楊愔傳，見《北齊書》34/453～460及《北史》41/1500～1507。

魯漫漢及盧士深事見《北齊書》34/456～7云:「其聰記強識，半面不忘。每有所召問，或單稱姓，或單稱名，無有誤者。後有選人魯漫漢，自言猥賤，獨不見識。愔曰:『卿前在元子思坊，騎禿尾草驢，經見我不下，以方麴鄣面，我何不識卿?』漫漢驚服。又調之曰:『名以定體，漫漢果自不虛。』又令吏唱人名，誤以盧士深爲士琛。士深自言。愔曰：『盧郎玉潤，所以從玉。』」

《北史》41/1503亦同。

《北齊書》34/456云：「乾明元年二月，爲孝昭帝所誅。」又云：「典選二十餘年」。則此事應在北周武成二年［560］以前。

《資治通鑑》166/5150收入梁太平元年六月，即西魏恭帝三年［556］。

219 《太平御覽》276/2b

北齊斛律金，字阿六敦,朔州敕部人。光祿大夫那瓌之子。世敦直，善騎射，行兵用匈奴法，望塵識馬步多少，嗅地知軍度遠近。神武戒文襄曰：「有讒此人者勿信之。」文宣嘗與金宴射，親持矟走馬以擬金胸者三。金堅不動。賜帛千疋。因過其宅，置酒作樂。

(96字)

見《北史》54/1965～7、《北齊書》17/219～22(斛律金傳)，均作：「斛律金，字阿六敦，朔州敕勒部人。」又《北齊書》作：「父大那［瓌］。」此處多誤。《北史》作「［文宣］帝晚年敗德，嘗持矟走馬以擬金胸者三，金立不動，於是賜物千段。」據此，此事應屬北齊天保末年，即北周孝閔帝元年［557］以後。《資治通鑑》166/5148記載此事入梁太平元年六月，即西魏恭帝三年［556］。今暫從之。

十月

220 《太平御覽》360/7b

周太祖宇文泰之母曰王氏。初孕五月，夜夢抱子昇天。纔不至而止。寤以告德皇帝。皇帝喜曰：「雖不至天，貴亦極矣！」
(44字)

見《北史》9/312(周本紀)。宇文泰卒於西魏恭帝三年［556］十月。

557 北周孝閔帝元年

二月

221 《資治通鑑》167/5160

南江州刺史余孝頃以兵會之。(《考異》曰：《典略》作：「南康州刺史」。)

此事在陳永定元年二月，即北周孝閔帝元年［557］。

四月

222　《太平御覽》942/5b

周永定元年夏四月，齊主禁取蟹蛤之類，唯許私家捕魚。
(22字)

北周無「永定」年號。據《北齊書》4/63(文宣紀)「［天保八年］夏四月庚午，詔諸取蝦蟹蜆蛤之類，悉令停斷，唯聽捕魚。」此年爲陳永定元年，此誤作北周年號。永定元年是北周孝閔帝元年［557］。

十月

乙亥

223　《資治通鑑》167/5169

［侯］安都遇風不得進，琳據東岸，安都據西岸，相持數日，乃合戰，安都等大敗。（《考異》曰：《典略》云：「乙亥，安都敗。」）

此事在陳永定元年十月，即北周孝閔帝元年［557］。

本年中未確定月日的佚文

224　《太平御覽》300/6b～7a

陳韋翽字子羽，有志操，以孝著稱。先尋以爲驍騎將軍，領朱衣直閣。驍騎之職，舊領營兵。梁世已來，其任逾重。翽素有名望，每大事恆令俠侍左右。時人榮之，號曰「俠御將軍」。

(66字)

「先」下疑有脫字。

見《陳書》18/250(韋載傳)。據載陳永定元年爲驍騎將軍，則此條屬北周孝閔帝元年［557］。

225　《太平廣記》247/1918

□□明帝與文士庾信、王褒等游處。有蕭彪者，寶寅之子，素好臧否，多所月旦。嘗侍坐於帝。帝歷問衆賓何如？皆□□君子也。次問君何如人。答曰：「那得是非君子。」之問□□□□□□□□答曰：「那得是君子。」時護在同州。他日帝□□右詐□□□□□□□□□□□□□吾欲□□□□疾病可乎?」使者曰：「□□□□□□□□□□□□□」追答曰：「緣君子事。」

彪乃惶懼，頓首乞留。帝曰：「□□□□□□□得□□」。彪乃遺書寄家，號慟而去。帝度其行□□□□□之云：「吾□別報冢宰彪還。」信等咸在。彪甚悲喜。□□□□□□微笑□視彪巧覺，謂帝曰：「北那得是君子。」於□□□□□□笑。

(157字)

「追答」，據嚴一萍錄孫潛校勘，作「迨答」。

此文多闕，當爲北周明帝時事。明帝於明帝元年至武成二年[557～560]在位。今暫置明帝元年。蕭寶夤，《魏書》59/1313～25有傳，稱其卒於永安三年［530］，「寶夤有三子，皆公主所生，而并凡劣。」長子烈，「寶夤反，伏法。次子權，與少子凱射戲，凱矢激中之而死。[......]天平中，凱遂遣奴害公主。乃轘凱於東市。」無名彪者。疑此寶寅或非《魏書》之蕭寶夤。或蕭寶夤另有一子名彪，未可確定。

558 北周明帝二年

三月

226 《資治通鑑》167/5174

周以消難爲小司徒。(《考異》曰：《北齊帝紀》：「四月，消難叛。」今從《周書》、《典略》。）

此事在陳永定二年三月，即北周明帝二年［558］。

227　《資治通鑑》167/5174

琳奉莊即皇帝位。（《考異》曰：《北齊帝紀》「十一月，丁巳，琳遣使請立莊，仍以江州內屬，令莊居之。十二月，癸酉，詔莊爲梁主，進居九派。」今從《陳書》及《典略》。然《陳書》、《典略》皆云立莊於郢州。）

此事在陳永定二年三月，即北周明帝二年［558］。

十一月

228　《資治通鑑》167/5177

齊主游三臺，戲以槊刺都督尉子輝，應手而斃。（《考異》曰：《北史》作「子耀」。今從《北齊書》、《典略》。）

此事在陳永定二年十一月甲午，即北周明帝二年［558］。

本年中未確定月日的佚文

229 《太平御覽》**265/9a**

陳以孔奐爲御史中丞，領揚州大中正。晉令(晉陵)，宋、齊以來爲大都(郡)。奐清白自守，妻子並不之官。所得秩俸，隨即分贍孤寡。郡中大悅，號曰「神君」。

(53字)

《陳書》21/284～5(孔奐傳)：「高祖受禪，遷太子中庶子。永定二年，除晉陵太守。晉陵自宋、齊以來，舊爲大郡，雖經寇擾，猶爲全實，前後二千石多行侵暴。奐清白自守，妻子並不之官，唯以單船臨郡，所得秩俸，隨即分贍孤寡，郡中大悅，號曰『神君』。」

《南史》27/729(孔奐傳)大同小異，而「二年」作「三年」，無「舊」字，無「大悅」。此事在北周明帝二年［558］或武成元年［559］。

559 北周武成元年

閏四月

230 《太平御覽》**919/5b**

高德衆正相齊，未誅之前，家有赤鴨，群行於庭，犬來逐，遂成碎血。

(25字)

高德正，又作高德政，「衆」爲衍文。《北齊書》30/406、《北史》31/1137均有傳。此事無載。

據傳所載，高德政卒於北齊天保末年，即北周武成元年［559］。

231　《太平御覽》375/9b

齊主將殺開府高德正(政)，召而謂之曰：「聞爾病，我爲爾針。」以刀子刺之，血流霑地。

(30字)

見《北齊書》30/409～410、《北史》31/1139(高德政傳)。此事在北齊文宣帝末年。傳云：「顯祖末年。」約爲天保十年，値北周武成元年［559］。《資治通鑑》167/5184記載此事入這一年閏四月。

六月

232　《太平御覽》377/3b

寇儁歸老，不復朝覲。天王思與相見，乃令入朝。儁身長八尺，鬚髮皓然，容止端詳，音韻淸郎。天王與之同席而坐，因訪洛陽故事，不覺屢爲前膝。

(55字)

見《周書》37/659、《北史》27/993(寇儁傳)。寇儁卒於北周保定三年［563］。據傳載，此事爲北周明帝武成元年［559］以後事。《資治通鑑》167/5187～8記載此事入永定三年六月［559］。今從《資治通鑑》。

七月

233 《太平御覽》370/9a

齊主誅諸元姻黨，死者凡七百二十一人。悉投屍於漳水。剖魚者得人爪甲。鄴都爲之不食魚也。

(37字)

見《北齊書》28/388～9、《北史》19/709(元韶傳)。此事在北齊天保十年，即北周武成元年［559］。《資治通鑑》167/5189記載此事入這一年七月。

十月

234 《太平御覽》730/5b～6a

齊文宣字子進，神武第二子也。婁太后初孕文宣，每夜有赤光照室。既生數月，后乃與親姻相對，共憂寒餒。文宣忽應曰：「得活。」故名侯尼干，鮮卑言有相子也。及長，黑色，大顙兌下，鱗身重踝，瞻視審定，不好戲弄，深沉有大度。晉陽有沙門，乍愚乍智，時人不測，呼爲阿禿師。婁后見其諸子，歷問祿位，至文宣，再三舉手指天而已，口無所言。見者異之。

(132字)

此事見《北齊書》4/43(文宣紀)、《北史》7/243(齊本紀中)，與《北史》所載文字相近同。「侯尼干」，《北史》作「侯尼于」。「顙」，《北史》作「頰」。

北齊文宣帝卒於北齊天保十年，《資治通鑑》167/5191記其卒於這一年十月甲午，即北周武成元年［559］。今從卒年。

本年中未確定月日的佚文

235　《太平御覽》615/6b

東魏崔暹子達拏，年十三。暹令儒者教其說《周易》兩字。乃集朝貴名流，達拏昇高坐開講。趙郡睦(眭)仲讓陽屈服之。暹大悅，擢仲讓爲司徒中郎。鄴下爲之語曰：「解義兩行得中郎。」

(67字)

［睦仲讓］《北史》作「眭仲讓」。古無睦姓，應從《北史》作「眭」。詳見《北齊書》45/635校勘記【44】。

此事見《北史》32/1189(崔暹傳)、《北齊書》30/405(崔暹傳)。

崔暹卒於北齊天保十年，即北周武成元年［559］。

236 《太平御覽》728/5b

齊許遵，高陽新城人也，明《易》善筮，兼曉天文。齊神武引爲館客。自言祿命不富貴，終必橫死，是以任情疏誕，多所犯忤。時齊主無道既甚，遵語人曰：「多折算來，吾筮此狂夫何時當死。」於是布算滿床，大言曰：「不出首冬，我乃不見。」

(86字)

末句《北齊書》、《北史》作：「『不出冬初，我乃不見。』顯祖(《北史》作文宣)以十月崩，遵果以九月死。」

見《北齊書》49/676～7、《北史》89/2935～6(許遵傳)。許遵卒於北齊天保十年，即北周武成元年［559］。

237　《太平御覽》257/4b

賀祥爲荆州刺史，祥有惠政，遠近款附。梁岳陽王詧欽其清素，乃贈以竹屏風。祥難違其意，取付所司。太祖聞之，並以賜祥。

(47字)

賀祥，應作賀蘭祥。見《周書》20/337及《北史》61/2180～1(賀蘭祥傳)。載此事較《三國典略》爲詳。賀蘭祥卒於北周武成初年［559］。

238　《太平御覽》218/7b

裴讓之十七舉秀才，爲屯田郎中，與祖班(珽)俱聘宋邢劭。省中語曰：「多奇多能，祖孝徵。能賦能詩，裴讓之。」讓之弟讞之、謀之、訥之、謁之，並淸立。楊愔曰：「河東士族，京官不少。裴讓兄弟，都無鄉音。裴文季爲不亡也。」

(79字)

事略見《北齊書》35/465、467及《北史》38/1384、1386。

邢邵、祖珽，《魏書》等有傳。

《北齊書》、《北史》均作：「能賦詩，裴讓之」。裴讓之卒於北齊文宣帝年間。應載北周武成元年［559］後(即北齊天保十年)。

239 《太平御覽》362/2b

周蔡祐，字承先，陳留圉人，齊安郡守襲之子也。有膂力，便騎射。太祖以其戰功，賜姓大利稽氏。

(36字)

見《周書》27/444、《北史》65/2310(蔡祐傳)。賜姓大利稽事在西魏大統九年，而蔡祐卒於北周明帝武成年間 [559～560]，今從卒年。

240 《太平御覽》586/5b

辛德源嘗於邢邵座賦詩，其十字曰：「寒威漸離風，春色方依樹。」衆咸稱善。後王昕逢之，謂曰：「今日可謂寒威離風，春色依樹。」

(47字)

辛德源，《北史》50/1824有傳，未載此事。王昕，《北齊書》31/415、《北史》24/882及《魏書》33/776均有傳，亦未載此事。王昕卒於北齊天保十年，即北周武成元年 [559]。而辛德源卒於隋代，其卒年不詳，今暫置於王昕卒年。

241 《太平御覽》354/1b～2a

文育，小字猛奴。到都見太子詹事周捨。捨命兄子弘讓教之書計。文育謂弘讓曰:「誰能學取此富貴。但有大槊耳。」弘讓壯之,教之騎射。文育大悅。

(55字)

「取此」《陳書》、《南史》均作「此,取」。

見《陳書》8/137、《南史》66/1601(周文育傳)。據《資治通鑑》167/5186所載,周文育卒於北周武成元年[559]。

242 《太平御覽》726/2b

周文育隨盧安興征俚獠有功,除南海令。監州王勱深委任之。勱被代,文育與俱下。至大庾嶺,詣卜者。卜者曰:「君北下不過作令長,南入則爲公侯。」文育曰:「足錢便可,誰望公侯之事。」卜人曰:「君須臾當暴得銀至二千兩。若不見信,以此爲驗。」其夕,宿逆旅,有賈人求與文育博,文育勝之,得銀二千兩。旦辭勱,勱問其故,文育以告。勱乃遣之。

(128字)

此事見《陳書》8/138、《南史》66/1602(周文育傳),內容相同。

周文育卒於北周武成元年[559]。

560 北周武成二年

二月

243 《太平御覽》328/6b

侯瑱敗王琳于梁山。琳及蕭莊並奔于齊。初，東關水舟艦得通。琳引合肥之衆，相次而下。瑱與琳合戰，琳軍少卻，退保西岸。及夕，東北風大起，吹其舟艦沒于沙中。夜有流星墜於琳營。及旦風靜，琳入浦修舡，以鹿角繞岸，不敢復出。
(88字)

見《陳書》9/155～6、《南史》66/1607～8(侯瑱傳)。此事在陳天嘉元年二月，即北周武成二年［560］。《資治通鑑》168/5194記載此事入這一年二月乙未。

244 《資治通鑑》168/5197

領軍大將軍可朱渾天和，道元之子也。(《考異》曰:《典略》云道元弟。)

此事記入陳天嘉元年二月，即北周武成二年［560］。

245 《太平御覽》970/6b

楊愔一門四世同居，家甚隆盛，昆弟就學三十餘人。庭有柰樹，實落于地，群兒咸爭。愔獨坐不顧。季父暐見之，謂賓客曰：「此兒恬裕有我風。」
(53字)

此事見《北齊書》34/453(楊愔傳)、《北史》41/1500(楊愔傳)。

楊愔卒於北齊乾明元年二月，即北周武成二年［560］。

四月

246 《太平御覽》591/2b

周明帝幼而好學，詞彩溫麗，捃摭(採)衆書。自羲、農已來訖於魏末，敍爲《世譜》，凡百卷。所著文章十卷，行於世。
(40字)

「百卷」《周書》作「五百卷」。

見《周書》4/60～61(明帝紀)、《北史》9/338～9(周本紀)。北周明帝卒於北周武成二年［560］，《資治通鑑》168/5204載入這一年四月辛丑。

九月

247　《太平御覽》288/1a

周賀若敦、陳侯瑱相拒于湘州。敦恐瑱知其糧少，乃於營內聚土，覆之以米。召其側近村人，揚(陽)有所訪，令其遙見。瑱聞以爲實，乃據守要險，以老敦師。敦又增修壁壘，示以持久。土人乘輕騎，載米粟，籠雞鴨，以向(餉)瑱軍。敦患之，乃僞爲土人，裝舡內甲士其中。瑱兵見舡至送米，爭取。敦甲士出而擒之。

(113字)

見《周書》28/475～6、《北史》68/2379(賀若敦傳)。

《周書》云：「敦於是分兵抄掠，以充資費。恐瑱等知其糧少，乃於營內多爲土聚，覆之以米，集諸營軍士，人各持囊，遣官司部分，若欲給糧者。因召側近村民，陽有所訪問，令於營外遙見，隨即遣之。瑱等聞之，良以爲實。乃據守要險，欲曠日以老敦師。敦又增修營壘，造廬舍，示以持久。湘、羅之間，遂廢農業。瑱等無如之何。初，土人亟乘輕船，載米粟及籠雞鴨以餉瑱軍。敦患之，乃僞爲土人，裝船伏甲士於中。瑱兵人望見，謂餉船之至，逆來爭取。敦甲士出而擒之。」

《北史》云：「糧援既絕，恐瑱等知其糧少，乃於營內多爲土聚，覆之以米，召側近村人，陽有所訪問，隨即遣之。瑱等聞之，良以爲實。

敦又增修營壘，造廬舍，示以持久。湘、羅之間，遂廢農業。瑱等無如之何。初，土人亟乘輕船，載米粟及籠雞鴨以餉瑱軍，敦患之。乃僞爲土人，裝船伏甲士於中。瑱軍人望見，謂餉船之至，逆來爭取，敦甲士遂擒之。」

248　《太平御覽》895/5a

周賀若敦與陳侯瑱相拒。敦軍數有叛人乘馬投瑱者，輒納之。乃别取一馬，牽以赴船中，人逆以鞭之。如是者再三，馬便畏船不上。後伏兵於岸，乃遣人乘以招瑱。瑱兵迎接，競來牽馬。敦發伏兵掩之，盡殪。後有亡命者，猶謂爲詐，不復納也。

(91字)

此事又見《北史》68/2379(賀若敦傳)、《周書》28/476(賀若敦傳)、《資治通鑑》168/5209等處。《太平御覽》319/6ab亦引《周書》此段。

除《周書》外，均作：「遣人乘畏船馬以招瑱軍。[......]馬既畏船不上。」敍事較此明晰。

以上二條，據載爲北周武成元年［559］之事，《資治通鑑》168/5208載入陳天嘉元年九月，即北周武成二年［560］。今從之。

十一月

249 《太平御覽》973/2b

齊孝昭北伐庫莫奚，至天池，以木瓜灰毒魚。魚皆死而浮出。庫莫奚竊相謂曰：「池有靈魚，犯之不祥。」乃出長城北道。齊主分兵追擊，獲牛羊七萬，振旅而還。

(59字)

北齊孝昭帝討庫莫奚事在皇建元年十一月，即北周武成二年［560～561］，見《北齊書》6/83(孝昭紀)。

本年中未確定月日的佚文

250 《太平御覽》586/4b～5a

周文州氐酋反，制鄜州刺史高琳討平之。軍還，帝宴群公卿士，命賦詩言志。琳詩云：「寄言竇車騎，爲謝霍將軍，何以報天子，沙漠靜妖氛。」帝大悅曰：「獯猥陸梁，未時款塞。卿言有驗，國之福也。」

(72字)

高琳，其先高句麗人。《周書》29/495～7、《北史》66/2322～3有傳。所載此事內容相同。此事在北周武成二年［560］。

251 《太平御覽》595/4b～5a

齊主命立三恪，朝士議之。太子少傅魏收爲議，衆皆同之。吏部侍郎崔瞻以父與收有隙，乃別立議。收讀瞻議畢，笑而不答。瞻曰:「瞻議若是，須贊所長，瞻議若非，須詰所短。何容讀國士議文，直如此冷笑?」收但慚而竟無言。

(84字)

此事見《北史》24/875(崔瞻傳)，崔瞻所言爲:「聖上詔群臣議國家大典，少傅名位不輕，瞻議若是，須贊其所長；若非，須詰其不允。何容讀國士議文，直此冷笑? 崔瞻居聖朝顯職，尚不免見疵，草萊諸生，欲云何自進!」《北齊書》不載此事。此事在北齊皇建元年，即北周武成二年［560］。

252 《太平御覽》927/9a

齊後園有九頭鳥見，色赤，似鴨，而九頭皆鳴。

(17字)

見《隋書》23/646(五行志下)，云:「後齊孝昭帝，即位之後，有雉飛上御座，占同中大同元年。又有鳥止於後園，其色赤，形似鴨而有九頭。其年帝崩。」

孝昭帝於北齊皇建元年即位。即北周武成二年［560］。

253 《太平御覽》234/2b～3a

齊主以其著作郎祖珽數上密啓，命中書、門下二省斷珽奏事。初，珽爲秘書郎，用《芳林遍略》質樗蒲錢。又，陳元康被傷將死，憑珽作書，屬家累，并云：「祖喜邊有少許物，宜早索取。」珽不通此書。喚喜私問，得金二十五鋌。唯與喜二鋌，餘并自入。祖喜告元康二弟叔諶、季璩等。叔諶以語楊愔。愔嚬眉答曰：「恐不益亡者。」因此得停。其後，齊文宣以珽爲秘書丞。盜遍略事發，付平陽王淹，令錄珽付禁。淹遣使收珽。珽便私逃。黃門侍郎高德正謀云：「但宣命向秘書，稱奉并州進止，須經史各部。仰丞親自檢校催遣。如此則珽意自安，夜當還宅。然後掩捉之。」果如德正所圖。遂縛送廷尉，據犯當死。文宣以其伏事先代，除名爲民。愛其才伎，令直中書，普選勞舊，遷爲著作。

(251字)

以上各事見《北齊書》39/515～6(祖珽傳)及《北史》47/1738(祖珽傳)。文句前後及詳略頗有異同。

《北齊書》云：「數上密啓，爲孝昭所忿，敕中書門下二省斷珽奏事。」

北齊孝昭帝僅皇建元年、二年在位。此事應屬於此二年，附北周武成二年［560］至保定元年［561］下。

254 《太平御覽》961/7a

初，陳文帝以湘州出杉柟，使營造大艦金翅等二百許艘，並諸水戰之具。

(28字)

見《陳書》20/271(華皎傳)，作：「文帝以湘州出杉木舟，」「木舟」二字顯係「柟」字誤分爲二，應據此改正。

此事在陳天嘉年間，即北周武成二年至保定五年間［560～565］。

255 《太平御覽》259/5b

陰鏗爲招遠將軍、晉陵太守。鏗嘗與賓友宴飲，見行觴者，因迴酒炙(炙)以授之。衆坐皆笑。鏗曰：「吾儕終日酣酒，而執爵者不知其味。非人情也。」及侯景之亂，鏗嘗爲賊所擒。或救之，獲免。鏗問其故，乃前所行觴者。

(79字)

事見《陳書》34/472(阮卓傳)及《南史》64/1556(陰鏗傳)。據《陳書》記載，陰鏗任招遠將軍、晉陵太守在陳天嘉年間以後，不久即卒。則此條應屬北周武成二年［560］以後。

256　《太平御覽》600/3a

陰鑑(陰鏗)，字子堅，梁右衛將軍子春之子也。徐陵言之於陳主。陳主召使賦新成安樂宮。鏗援筆便就，陳主甚歎賞之。

(43字)

此事見《南史》64/1556、《陳書》34/472。陰鏗卒年不詳。此事在陳天嘉年間，即北周武成二年至保定五年［560～565］。

561　北周保定元年

七月

257　《太平御覽》726/3a

齊害其廢主濟南王也，長廣王湛懼。高元海為畫三策，湛不能斷，令鄭道謙、吳導世等卜以決之。道謙等曰：「不利舉事，靜則吉。」

(48字)

長廣王，即齊武成帝高湛。此事見《北齊書》14/183～4(高元海傳)、《北史》51/1853(高元海傳)，所載三策及事件經過較此詳盡。

北齊孝昭帝害濟南王事在北齊皇建二年，即北周保定元年[561]。《資治通鑑》168/5215詳記此事，入這一年七月。

十一月

258　《太平御覽》918/5a

齊長廣王湛即皇帝位於南宮，大赦改元。其日將赦，庫令於殿門外建金雞。宋孝王不識其義，問於光祿大夫司馬膺之：「赦建金雞，其義何也。」膺之曰：「案《海中星占》曰：『天雞星動，當有赦。』由是帝王以雞爲候。」

(78字)

司馬膺之，《北史》54/1950、《北齊書》18/241有傳。宋孝王，《北史》26/944、《北齊書》46/640有傳。此事無載。

《隋書》34/1020(經籍志)云：「《海中星占》一卷　梁有《論星》一卷」。

高湛即皇帝位事，《資治通鑑》168/5217載於陳天嘉二年十一月癸丑，即北周保定元年［561］。今從之。

本年中未確定月日的佚文

259 《太平御覽》224/3a

齊遣散騎常侍崔瞻聘于陳。瞻辭韻溫雅。南人欽服，力(乃)謂之曰：「常侍前朝何竟不來？今日誰相對者？」

(38字)

《北史》24/876(崔瞻傳)：「大寧元年［561］，除衛尉少卿。尋兼散騎常侍，聘陳使主。［……］瞻經熱病，面多瘢痕，然雍容可觀，辭韻溫雅，南人大相欽服。陳舍人劉師知見而心醉，乃言：『常侍，前朝通好之日何意不來？今日誰相對揚者？』其見重如此。」

《北齊書》23/337(崔瞻傳)：「武平三年［572］卒，時年五十四。」

此事應屬北周保定元年［561］。

260 《太平御覽》254/6a

周帝制：於玉壁置勳州，以孝寬爲刺史，爲其立勳於此，因以名之。

(25字)

事見《周書》31/538(韋孝寬傳)及《北史》64/2262，均作「保定初」［561］。

261　《太平御覽》262/6ab

齊廣陵太守敬長瑜，多受財賄。刺史陸駿將啓劾之。長瑜以貨求於散騎常侍和士開，以畫屏風詐爲長瑜之獻。齊王大悅。駿啓尋至，遂不問焉。

(55字)

事見《北史》55/1999(敬顯儁傳)。傳稱「武成時爲廣陵太守。」則此事應在北周保定元年至保定四年［561～564］間，即北齊武成帝太寧元年至河清三年。

262　《太平御覽》596/8a

齊文宣崩，楊愔選其挽歌，令樂署歌之。其魏收四首，陽休之、祖珽、劉逖各二首，盧思道八首入用。於是晉陽人謂思道爲八采盧郎。北營［州］刺史李愔戲謂逖曰：「盧八問誶劉二。」逖每銜之。至是，愔上〈感恩賦〉，自陳文宣之世遭遇讒譖。逖爲帝奏其文誹謗先帝。齊主怒，令鞭之。逖喜曰：「高搥三十，熟鞭之百，何如喚劉二時。」

(120字)

此事見《北史》42/1551(劉逖傳)，內容略有出入。傳云：「及文宣崩，文士幷作挽歌，楊遵彥(即楊愔)擇之，員外郎盧思道用八首，逖用二首，餘人多者不過三四。中書郎李愔戲逖曰：「盧八問訊劉二。」逖銜之。［......］時李愔戲賦，言天保中被讒。逖摘其文，奏曰：「誹謗先朝，大不敬。」武成怒，大加鞭朴。逖喜復前憾，曰:「高搥兩下，執鞭一百，何如呼劉二時。」又「八采盧郎」，《北史》30/1075(盧思道傳)「八米盧郎」。似應以「八釆」爲正。「問誶」係「問訊」之誤。事在北齊武成帝時，即北周保定元年至四年間［561～564］。

263 《太平御覽》650/2ab

齊馮翊王潤，字子澤，神武第十四子也。廉慎方雅，習於吏職。神武嘗稱之曰：「此是吾家千里駒也。」初爲定州刺史。開府王迴洛、潤督獨孤拔侵竊官田，受納贈賂，潤案舉其事。二人上言：潤出送臺使，登魏文舊壇，南望歎息，不測其意。武成宣命於州曰：「馮翊王少小謹愼，內外所知，不爲非法，朕信之矣。登高遠望，人之常情，何足可道？鼠輩輕相間構，理應從斬，猶以舊人，未忍致法。迴洛決鞭二百，拔宜決杖一百。」

(156字)

此事見《北齊書》10/139～40、《北史》51/1868(高潤傳)，內容大致相同。

「潤督」，傳作「六州大都督」；「獨孤拔」，傳作「獨孤枝」。「受納贈賂」傳作「受納賄賂」。

高潤卒年不詳。此事在北齊武成帝年間，即北周保定元年至四年[561～564]。

264　《太平御覽》589/3a

梁宗懍少聰敏，好讀書，語輒引古事。鄉里呼爲小學士。梁主使製龍川廟碑，一夜便就，詰朝呈上。梁王(主)美之。**(41字)**

見《周書》42/759～60、《北史》70/2434(宗懍傳)。載此事基本相同。唯「小學士」作「小兒學士」。梁主指梁元帝。此事在西魏以前，宗懍卒於北周保定年間［561～565］。

562　北周保定二年

正月

265　《資治通鑑》168/5219

丁未，周以安成王頊爲柱國大將軍，遣杜杲送之南歸。(《考異》曰：《典略》作「杜果」。)

此事在陳天嘉三年正月，即北周保定二年［562］。

三月

266　《太平御覽》310/8a

陳薛安都引兵破留異。成州刺史韓子皋單馬入陣，傷頂之左，一髻半落。安都爲流矢所中，血流至踝。乘輿車，容止不變。

(46字)

「安都爲流矢所中，血流至踝。乘輿車，容止不變」語見《陳書》8/147及《南史》66/1612(侯安都傳)。「薛」應爲「侯」之誤。韓子皋事無載。《資治通鑑》168/5223記載此事入這一年三月，即北周保定二年［562］。

七月

267 《太平御覽》730/6a

齊高歸彥嘗令皇甫玉相己。玉曰:「公位極人臣,必可反。」歸彥曰:「我爲何須反。」玉曰:「公有反骨。」

(35字)

此事見《北齊書》49/678及《北史》89/2938(皇甫玉傳)。

「必可反」傳作「但莫反」,較此義勝。

據《北齊書》14/186(高歸彥傳)及《北齊書》7/91(武成紀),高歸彥於北齊孝昭帝年間任司空兼尚書令,謀反。《資治通鑑》168/5224記載其卒於河清元年七月乙未,即北周保定二年[562]。此事在卒年前。今暫置於其卒年。

268 《太平御覽》338/1b

初,魏世,山崩,得三石角,藏於武庫。至是齊主入庫,賜從臣兵器,持此角賜平秦王歸彥曰:「爾事常山不得反,事長廣得反。反時將此角嚇漢也。」

(54字)

「三」《北齊書》、《北史》作「二」。

見《北齊書》14/188、《北史》51/1858(高歸彥傳)。

本年中未確定月日的佚文

269 《資治通鑑》169/5236

初，周人欲與突厥木杆可汗連兵伐齊，許納其女爲后，遣御伯大夫楊荐及左武伯太原王慶往結之。齊人聞之懼，亦遣使求婚於突厥，賂遺甚厚。木杆貪齊幣重，欲執荐等送齊。荐知之，責木杆曰：「太祖昔與可汗共敦鄰好，蠕蠕部落數千來降，太祖悉以付可汗使者，以快可汗之意，如何今日遽欲背恩忘義，獨不愧鬼神乎？」木杆慘然良久曰：「君言是也。吾意決矣，當相與共平東賊，然後遣女。」荐等復命。(《考異》曰：《典略》在保定二年。)

此事在陳天嘉四年九月，即北周保定三年［563］，《三國典略》收入保定二年［562］。

270 《太平御覽》249/5ab

顏晃，字克明，瑯邪臨沂人也。少孤貧，有詞彩。解褐梁邵陵王綸兼記室參軍。時東宮學士庾信常使于府。王使晃接對，信輕其尚少，曰：「此府兼記室幾人？」晃答曰：「猶少於宮中學士。」

(68字)

《陳書》34/455(顏晃傳)：「顏晃，字元明，瑯邪臨沂人也。少孤貧，好學，有辭釆。解褐梁邵陵王兼記室參軍。時東宮學士庾信嘗使于府中，王使晃接對，信輕其尚少，曰：『此府兼記室幾人?』晃答曰：『猶當少於宮中學士。』當時以爲善對。」

《南史》72/1787亦同。

顏晃卒於陳天嘉三年［562]，時年五十三歲。據《周書》41/733(庾信傳)，庾信任東宮學士爲侯景作亂前，約梁大同末年至太淸三年間(西魏大統十年至十五年［544～549］)。此事疑與下條同出一處。

271　《太平御覽》249/5b

杜龕爲吳興太守。專好勇力。梁元患之。及使晃管其書翰，仍謂龕曰：「顏晃，文學之士。使相毗佐，造次之間，必宜諮稟。」
(44字)

亦見《陳書》34/455～6，而《南史》72/1787則無載。顏晃，陳天嘉三年卒［562]，時年五十三。

據《陳書》1/9(高祖紀)，杜龕卒於紹泰二年［556]。《梁書》46/644(杜龕傳)云：「齊納貞陽侯以紹梁嗣，以龕爲震州刺史、吳興太守。」與《陳書》及此處云梁元帝時爲吳興太守有出入。

564 北周保定四年

六月

272 《太平御覽》375/9b

齊主於涼風堂召孝昭第二子百年，遣左右亂捶擊之。又令曳以遶堂。所行之處，血皆遍地。

(35字)

見《北齊書》12/158、《北史》52/1886(高百年傳)。此事在北齊河清三年五月，即北周保定四年［564］。《資治通鑑》169/5241記載此事入這一年六月。

十二月

273 《太平御覽》320/3b

周獨孤永業恐洛州刺史段思文不能自固，馳入金墉助守。尉遲迥爲土山地道，曉夕攻戰。永業選其三百人爲爪牙，每先鋒死戰。迴不能剋。

(54字)

見《北齊書》41/544～5。「獨孤永業」前的「周」字當爲「齊」之誤。此事在北齊河清三年，即北周保定四年[564～565]，《資治通鑑》169/5247載周人攻洛陽事在這一年十二月。

274　《太平御覽》327/4a

齊公憲夜收軍，欲待明更戰。達奚武謂之曰：「洛陽軍散，人情駭動。若不因夜速還，明日欲歸不得。武在軍旅久矣，備見形狀。豈可將數營大衆，一朝而棄之。」憲從其諫。遂全軍而反。

(68字)

見《周書》19/305、《北史》65/2300～2301(達奚武傳)。此事在北周保定四年 [564～565]。《資治通鑑》169/5248記載此事入這一年十二月。

本年中未確定月日的佚文

275　《太平御覽》975/6a

齊主還鄴，高麗、新羅並遣使朝貢。先是徐州蓮一莖兩蒂。占云：異木蓮枝，遠人入款。斯其應也。

(36字)

查《北齊書》諸帝紀中唯〈武成紀〉7/93河清三年有高麗、新羅同時遣使朝貢。值北周保定四年［564］。

565 北周保定五年

本年中未確定月日的佚文

276 《太平御覽》368/5a

齊太上主生巔音顛牙，問於尚藥典御鄧宣，以［實］對。太上主怒而撻之。中書監徐之才拜賀曰：「此智牙，生者聰明長壽。」太上悅而賞之。

(48字)

「以對」《北齊書》、《北史》均作「以實對」。

見《北齊書》33/447～8、《北史》90/2973(徐之才傳)。《北齊書》、《北史》均作「鄧宣文」。此事在北齊武成帝時，武成帝於天統元年傳位於太子，自稱太上皇帝。此事即在此後。值北周保定五年［565］以後。

277 《太平御覽》658/6a

齊主初爲胡昭儀起大慈寺，未成，改爲穆皇后大寶林寺，運石填泉，牛死無數。

(30字)

此事見《北齊書》8/113(幼主紀)、《北史》8/301(幼主紀)。紀作「運石填泉，勞費億計，人牛死者不可勝紀。」

此事在北齊後主年間，即北周保定五年至建德五年［565～576］。

278 《太平御覽》213/2a

北齊張耀嘗爲尚書左丞。文宣近出，令耀居守。文宣夜還，耀不開門，勒兵嚴備。火至看面，然後開迎。文宣笑曰：「卿欲學郅君章也。」賜以錦袍。以其忠勤，深見親待。

(61字)

事見《北齊書》25/361～2(張耀傳)、《北史》55/1996。

《北齊書》25/361云：「天保初，賜爵都亭鄉男，［......］遷尚書右丞。」25/362云：「天統元年［565］［......］卒，時年六十三。」

279　《太平御覽》610/7a

張曜好讀《春秋》，每月一遍，時人比之賈梁道。趙隱嘗謂曜曰：「君研尋《左氏》，豈求服虔、杜預之紕繆耶?」曜曰：「何爲其然乎? 左氏之書，備敍言事，惡者可以自戒，善者可以庶幾。故厲己溫習，非欲詆訶古人之得失也。」

(80字)

張曜，《北齊書》作張耀。此事見《北齊書》25/362及《北史》55/1996～7(張耀傳)。張耀卒於北齊天統元年，即北周保定五年［565］。

280　《太平御覽》386/5b

周賀若敦嘗從太祖校獵於甘泉宮。圍人不齊，獸多越逸。太祖大怒。圍內唯有一鹿，俄亦突圍而走。敦躍馬馳之，鹿上東山，敦棄馬步逐山半，掣之而下。太祖大悅。

(62字)

見《周書》28/474、《北史》68/2378(賀若敦傳)。此爲西魏廢帝二年以前事，賀若敦卒年大約在北周保定五年［565］。

281　《太平御覽》599/8ab

齊有大儒劉晝(晝)，恨不學屬文，力(方)復緝綴，作賦一首，名爲「六合」，自謂紀(絕)倫。魏收謂人曰：「賦名六合，其愚已甚，及其見(見其)賦，又愚於名。」
(48字)

見《北齊書》44/589、《北史》81/2729～30(劉晝傳)。劉晝卒於北齊天統年中，即北周保定五年至天和四年［565～569］。

282　《太平御覽》366/8a

齊韓鳳、穆提婆、高阿那肱，共處衡軸，號曰三貴。瞋目張拳，有噉人勢。
(26字)

「齊韓鳳、穆提婆、高阿那肱，共處衡軸，號曰三貴」見《北齊書》50/692、《北史》92/3052(韓鳳傳)。「瞋目張拳，有噉人勢」見《北史》92/3053。此事在北齊後主天統、武平年間，即北周天和、建德年間［565～575］。

283　《太平御覽》375/7a

齊南陽王綽與齊主俱五月五日生。武成以綽母李夫人非嫡，故貶之爲弟。俗云，其日生者，腦不壞爛，死後逾一年，方許收殮。毛髮不落，如生人焉。
(56字)

見《北齊書》12/159～60(高綽傳)。高綽卒於北齊後主年間[565～576]。

566 北周天和元年

本年中未確定月日的佚文

284 《太平御覽》942/1ab

周天和元年夏，齊冀州人於蚌蛤中得瑤環一隻。
(19字)

天和元年是公元566年。

285 《太平御覽》749/3b

周白石縣男趙文深以題牓之功除魏興郡守。文深字德本，南陽宛人也。少學楷、隸，有鍾、王之則。當時書唯文深及冀雋而已。王褒尤善書，文深慚恨，形於言色，後知好尚難及，改習褒書，竟無所成，轉被譏誚，謂之學步邯鄲焉。至於碑榜，人莫之逮。褒亦推之。宮殿樓閣皆其跡也。世宗令至江陵書景福寺碑。蕭察觀而美之。
(123字)

《周書》47/849(趙文深傳)作：「年十一，獻書於魏帝。[......] 當時碑牓，唯文深及冀儁而已。[......] 太祖以隸書紕繆，命文深與黎季明、沈遐等依《說文》及《字林》刊定六體，成一萬餘言，行於世。」其餘大致相同，《北史》82/2751與《周書》同。唯「景福寺」作「影覆寺」，似誤。蕭察爲蕭詧之誤。

〈趙文深傳〉載以題牓之功「除趙興郡守」事在北周天和元年［566］。《三國典略》作「魏興郡守」。此二郡於北周時均存，未詳孰是。

286 《太平御覽》411/4b

柳遐母嘗乳間發疽。醫云：「須人吮膿。」遐應聲即吮。旬日遂瘳。咸以爲孝感所致。
(30字)

見《周書》42/767、《北史》70/2442(柳霞傳)。柳霞(遐)卒於北周天和年間［566～571］。

567 北周天和二年

九月

287 《太平御覽》924/11a

北齊高緯時有萬春鳥見齊仙都苑上，爲造萬春堂以應嘉瑞。**(24字)**

《隋書》23/647(五行志下)云：「天統三年九月，萬春鳥集仙都苑。《京房易飛候》曰：『非常之鳥，來宿於邑中，邑有兵。』周師入鄴之應也。」北齊天統三年即北周天和二年［567］。

本年中未確定月日的佚文

288 《太平御覽》949/3a

周天和二年，齊武安妖人與其徒僞云盲聾，因飲泉水下得金佛，其疾並愈，於是遠近信之，男女霧集。水中有老黃蝦蟆，全如金色，乍出乍沒。齊武成及百官已下莫不飲之。**(66字)**

289 《太平御覽》398/4a

宇文永貴，昌黎大棘人也。母初孕貴，夢有老人抱一兒，授之曰：「賜爾是子，俾壽且貴。」及生，形類所夢，故以永貴字之。
(44字)

見《周書》19/311、《北史》60/2137～8(宇文貴傳)。宇文貴卒於北周天和二年［567］。

290　《太平御覽》324/2b～3a

梁蕭乾，字思惕，梁秘書監子範之子。容止雅正，志性恬簡，善隷書，得叔父子雲之法。閩中豪帥反叛，陳武謂乾曰:「陸賈南征，趙佗歸順，隨何奉使，黥布來臣。追想清風，髣髴在目。」乃令乾往使，諭以逆順。渠帥並即款附。
(82字)

見《陳書》21/278、《南史》42/1072(蕭乾傳)。蕭乾出使事在陳永定元年，即北周孝閔帝元年［557］。而蕭乾卒於陳光大元年，即北周天和二年［567］。此取卒年。

291　《太平御覽》895/5a

周裴果字戎昭，魏齊州刺史遵之子也。從軍征討，乘黃驄馬，衣青袍，每先登陷陳(陣)，時人號爲「黃驄年少。」
(39字)

事見《北史》38/1395及《周書》36/647，文字並同。

此事在北魏永安末年［529］，而裴果卒於北周天和二年［567］。今從卒年。

568　北周天和三年

十一月

292　《太平御覽》976/7b

北齊太上後宮無限，衣皆珠玉，一女歲費萬金，寒月盡食韭牙。
(24字)

原作「《三國世略》曰:」當即《三國典略》之誤。

北齊太上，即武成帝高湛。此事史傳無載，而《北齊書》8/113(後主紀)云:「宮女寶衣玉食者五百餘人，一裙直萬疋，鏡臺直千金。[......]承武成之奢麗。」則武成帝奢華可知。

高湛卒於北齊天統四年十二月辛未，即北周天和三年［568~569］。

本年中未確定月日的佚文

293　《太平御覽》955/4b

齊長廣郡廳梁木忽作人像，太守惡而刷去之，明日復出。鄉人伐枯桑樹，於中得死龍，長尺餘。識者以爲長廣齊太上主太(本)封也。齊氏木得龍爲吉象。木枯龍死，非吉徵焉。**(65字)**

齊太上主，即齊武成皇帝高湛，元象中封長廣郡公。

《隋書》22/632(五行志上)載：「河清三年，長廣郡廳事梁忽剝若人狀，太守惡而削去之，明日復然。長廣，帝本封也；木爲變，不祥之兆。其年帝崩。」

又《隋書》23/668(五行志下)載：「天統四年，貴鄉人伐枯木，得一黃龍，折脚，死於孔中。齊稱木德。龍，君象。木枯龍死，不祥之甚。其年武成崩。」與此處互有出入。河清三年即北周保定四年［564］。武成帝卒於天統四年，即北周天和三年［568］。此條應入這一年。

569　北周天和四年

本年中未確定月日的佚文

294　《太平御覽》612/1b

陳遣(遣)兼通直散騎常侍姚察聘於周。沛國劉臻竊於公館訪《漢書》疑事十餘條，並爲剖析，皆有經據。臻謂所親曰：「名下定無虛士。」

(49字)

此事見《陳書》27/348～9、《南史》69/1690(姚察傳)，文字相同。此事在陳太建初年，即北周天和四年至建德二年間［569～573］。

570　北周天和五年

本年中未確定月日的佚文

295　《太平御覽》263/7b

齊以太子率更令崔龍子爲司州司馬。初，龍子爲司徒功曹，嫁女與穆提婆，以求此職。提婆許之，以其品懸絕，先轉爲率更令。至是，成婚旣畢，即便用之。尋有謠言牓於路側曰：「司州司馬崔老鴟，取錢能疾判事遲。」御史馮士幹見而劾之，遂免其官。

(94字)

此事正史無載。《北齊書》50/690(穆提婆傳)云：「自武平之後，令萱母子勢傾內外矣。」據此，此事應在北周天和五年［570］，即北齊武平元年以後。崔龍子卒年不詳。

296 《太平御覽》599/8b

邢劭嘗云：「江南任昉，文體本疏。魏收非直模擬，亦大偷竊。」收聞之，乃言曰：「劭常於《沈休文集》裏作賦(賊)，何意道我偷任語?」任、沈俱有重名。邢、魏各有所好。顏之推嘗以二公之意問於祖珽。珽曰：「見邢、魏之臧否，即任、沈之優劣。」

(84字)

此事見《北齊書》37/492、《北史》56/2034(魏收傳)。「作賦」，《北齊書》、《北史》均作「作賊」。應從之。邢劭卒年不詳。此事發生在北齊武平年間，即北周天和五年至建德四年［570～575］。

297 《太平御覽》586/5a

齊蕭慤，字仁祖，爲太子洗馬，嘗於秋夜賦詩，其兩句云：「芙蓉露下落，楊柳月中疏。」曰：「蕭仁祖之斯文，可謂雕章間出，昔潘、陸齊軌，不襲建安之風；顏、謝同聲，遂革太乙之氣。自漢逮晉，情賞猶自不諧；河北江南，意製本應相詭。」顏黃門云：「吾愛其蕭散，宛然在目，而盧思道之徒，雅所不愜，箕、畢殊好，理宜固然。」

(116字)

見《北齊書》45/627(蕭慤傳)。其兩句詩見《北齊書》45/628。「曰」字上疑有脫文。蕭慤，武平中爲太子洗馬，即在北周天和五年至建德四年間［570～575］。蕭慤卒年不詳，今暫入武平年間。

298 《太平御覽》901/2b

齊蕭慤爲太子洗馬。慤字仁祖，常患腰痛，眩，不堪馳馬。齊主令乘驢以從。見者笑之。

(32字)

《北齊書》45/627有蕭慤傳，此事無載。

此事在北齊武平年間，即北周天和五年至建德四年［570～575］。

571 北周天和六年

正月

299 《太平御覽》334/8b

齊司從(徒)斛律光築呑周、平隴、定誇三城於境上。
(18字)

此事可參見《北齊書》17/224、《北史》54/1968～9、1971(斛律光傳)。《北史》僅稱「平隴等城,」《北齊書》作:「率衆築平隴、衛壁、統戎等鎭戍十有三所,」與此不同。

此事在北齊武平二年,即北周天和六年 [571]。《資治通鑑》170/5291 記錄斛律光築十三城事在這一年正月。

七月

300 《太平御覽》366/8a

和士開常言曰:「瑯琊王目光弈弈,數步射人。向者暫對,不覺汗出。」
(25字)

見《北齊書》12/161、《北史》52/1890(高儼傳)。此事《資治通鑑》170/5293記入陳太建三年六月［571］。和士開卒於北齊武平二年七月，即北周天和六年［571］。

301 《太平廣記》76/478

齊瑯琊王儼殺和士開也，武衛奚永洛與河內人張子信對坐。忽有鵲鳴，鬥于庭而墮焉。子信曰：「鵲聲不善。向夕若有風從西南來，歷樹間，拂堂角，必有口舌事。今夜若有人相召，慎不得往。」子信既去，果有風至。儼使召永洛，且云敕喚。永洛欲赴，其妻勸令勿出。因稱馬墜折腰，遂免於難。

(109字)

此事見於《北齊書》49/680(張子信傳)，文字大致近同。又云:「子信，齊亡卒。」瑯琊王殺和士開事在北齊武平二年七月，即北周天和六年［571］：見《資治通鑑》170/5294。

302 《太平御覽》895/4b～5a

齊馮子琮被執於省內，以弓弦絞殺之，使內參以庫車載其尸歸，人無知者。子琮所乘之馬曳韁走，以頭扣車，狀如號哭。見者異之。車至其門，諸子方握槊，聞庫車來，以為賜也，大喜，開視乃哭。

(73字)

馮子琮，北燕主馮跋之後，《北齊書》40/528、《北史》55/2010有傳。馮子琮被殺及以庫車載尸之事見《北史》55/2012，但失載馬異狀。

據《北齊書》8/105(後主傳)馮子琮卒於武平二年七月，即北周天和六年［571］。《資治通鑑》170/5296載殺馮子琮事入這一年七月。

九月

303 《太平御覽》968/4a

齊武成寵任東平王儼。而儼器服翫飾同於齊主。嘗於南宮見典御進新冰，鈞盾獻早李。還而怒曰：「尊兄已有，我何意無?」

(46字)

此事見《北齊書》12/161(高儼傳)、《北史》52/1889(高儼傳)，作：「於南宮嘗見新冰早李。」其他內容相同。

高儼卒於北齊武平二年九月庚午，即北周天和六年［571］。

572 北周建德元年

六月

304 《太平御覽》961/6b

齊斛律光之入寇也，周將韋孝寬忌之。孝寬參軍曲巖頗知卜筮，謂孝寬曰：「來年東朝必大相殺。」孝寬因令巖作謠言曰：「百升飛上天，明月耀長安。」又曰：「高山不推自崩，槲樹不扶自竪。」乃間諜遺其文於鄴中。齊人用是而殺斛律光。明月，光字也。

(93字)

見《北齊書》17/225及《北史》54/1969(斛律光傳)、《周書》31/540及《北史》64/2264(韋孝寬傳)。謠言亦見《北齊書》39/519、《北史》47/1742。

斛律光卒於北齊武平三年，即北周建德元年［572］。《資治通鑑》171/5308～9載韋孝寬造謠言事於這一年五月，載斛律光卒於這一年六月戊辰。

305　《太平御覽》281/3a

北齊斛律光雖居大將，未嘗戮人。軍士未安，終不入幕。寒不服裘，夏不操扇。所得果糒，徧分麾下。號令不過數句，言皆切要。每戰居險，爲士卒先。有士卒中蠱，親嘗其唾。三軍感之，樂爲致命。

(72字)

見《北史》54/1971、《北齊書》17/226(斛律光傳)，所載與此多有不同。《北齊書》稱：「[光] 嚴於御下，治兵督衆，唯仗威刑。版築之役，鞭撻人士，頗稱其暴。」

306　《太平御覽》976/3b～4a

北齊主以鄴清風園賜穆提婆，於是宮無蔬菜，賒買於人，負錢三百萬。其人訴焉。斛律光曰：「此園賜提婆一家足，不賜提婆百官足。」

(50字)

見《北史》54/1969(斛律光傳)。

此事在斛律光卒前不久。今與斛律光事跡合在一處。

307 《太平御覽》911/3a

齊將誅斛律光，有三鼠游於光寢，光每投食與之，一朝俱死床下。

(25字)

斛律光，此事又見於《北史》54/1970(斛律光傳)，作:「先是三日，鼠常晝見光寢室，常投食與之，一朝三鼠俱死。」

八月

308 《太平御覽》601/4b～5a

齊主如晉陽，尚書右僕射祖珽等上言:「昔魏文帝命韋誕諸人撰著《皇覽》，包括群言，區分義別。陛下聽覽餘日，眷言緗素，究蘭臺之籍，窮策府之文，以爲觀書貴博，博而貴要，省日兼功，期於易簡。前者修文殿令臣等討尋舊典，撰錄斯書，謹罄庸短，登即編次，放(仿)天地之數爲五十部，象乾坤之策成三百六十卷。昔漢世諸儒集論經傳，奏之白虎閣，因名《白虎通》。竊緣斯義，仍曰《修文殿御覽》。今繕寫已畢，并目上呈，伏願天鑒，賜垂裁覽。」齊主命付史閣。初，齊武成令宋士素錄古來帝王言行要事三卷，名爲《御覽》，置於齊主巾箱。陽休之創意取《芳林遍略》，加《十六國春秋》、《六經拾遺錄》、《魏史》第(等)書，以士素所撰之名稱爲《玄洲苑御覽》，後改爲《聖壽堂御覽》。至是，珽等又改爲《修文殿》上之。徐之才謂人曰：「此可謂床上之床，屋下之屋也。」

(277字)

《北齊書》8/105(後主紀)：「［武平三年二月］是月，敕撰《玄洲苑御覽》，後改名《聖壽堂御覽》。［......］［武平三年八月］《聖壽堂御覽》成，敕付史閣，後改爲《修文殿御覽》。」《北史》8/293～4亦同。即北周建德元年［572］。《資治通鑑》171/5316記載撰《修文殿御覽》事在陳太建五年，即北周建德二年。今從《北齊書》。

本年中未確定月日的佚文

309　《太平御覽》240/6b～7a

齊左僕射祖珽，附陸令萱，求爲領軍。齊主許之。侍中斛律孝卿謂上洛王元海、侯呂芬等云：「珽是漢兒，兩眼盲，豈合作領軍也。」元海遂入啓之。珽言於齊主云：「元海與臣素有隙，必是元海譖臣。」齊主曰：「然。」珽列元海共太府少卿李叔元、平准令張叔略等結朋樹黨。陸令萱又唱和之。遂除元海爲鄭州刺史，叔元爲襄城郡守，叔略爲南營州錄事參軍。珽遂獨處機衡，總知兵事。齊王(主)亦令中要人扶侍出入，每同御榻，論決朝政。
(162字)

元海《北齊書》、《北史》均作高元海。

事見《北齊書》39/519～20(祖珽傳)及《北史》47/1742～3(祖珽傳)。文句前後有出入。

《北齊書》8/105(後主紀)載：「[武平三年二月] 庚寅，以左僕射唐邕爲尚書令，侍中祖珽爲左僕射。」則此事應發生於北周建德元年 [572] (即北齊武平三年)以後。

310 《太平御覽》320/3b

陳人侵齊北。徐州刺史祖班(珽)令不閉城門。守陴者皆下。街巷禁斷人行，雞犬不許鳴吠。陳人莫測所以，疑人走城空，不設警備。中夜班(珽)忽令鼓譟。陳人驚散。曉復結陳(陣)向城。班(珽)自臨戰。陳人先聞其盲，謂不能抗拒。忽見親在戎行，彎弧縱鏑，怪之，遂退。時穆提婆憾之不已，欲令城陷，不遣救援。班(珽)軍守百日，城竟保全。
(119字)

「結陳」《北齊書》作「結陣」。

見《北齊書》39/521。據《北齊書》8/105(後主紀)「[武平三年] 侍中祖珽爲左僕射。」五年後北齊亡，則此事屬北齊武平三年以後，即北周建德元年 [572] 至建德六年 [577] 之間。

311　《太平御覽》398/4b

祖珽知齊太上有大志，深自結納。嘗啓曰：「昨夢大王乘龍上天。願深自愛。」太上大喜，即位之後，擢拜中書侍郎。
(42字)

見《北齊書》39/516、《北史》47/1739(祖珽傳)。傳作祖珽曰：「殿下有非常骨法，孝徵夢殿下乘龍上天。」祖珽卒於北齊末年，約北周建德年間 [572～577]。

312　《歷代名畫記》8/2a

祖班者，東魏人，善畫。見《三國典略》
(8字)

此人生卒年月及事跡不詳，或疑爲祖珽，上引《太平御覽》218/7b及320/3b二條佚文中祖珽亦誤作祖班，可說明珽、班二字易爲訛誤。今暫置於祖珽事下。

313　《太平御覽》611/5a

齊右僕射富平子魏收，字伯起，鉅鹿曲陽人。幼習騎射，欲以武藝自達。太學博士鄭伯猷調之曰：「魏郎弄戟多少?」收慚悟，乃折節讀書，坐版床，積年，版亦為之鋭。收嘗為〈庭竹賦〉以自發名。伯猷謂之曰：「卿不值老夫，猶當逐兎。」

(85字)

「版亦為之鋭」下脱「減」字。

此事見《北齊書》37/483、《北史》56/2023(魏收傳)。《北齊書》作「滎陽鄭伯調之曰：」。

又〈庭竹賦〉非發名之作。傳云：「除帝兄子廣平王贊開府從事中郎。收不敢辭，乃為〈庭竹賦〉以致己意。」魏收卒於北周建德元年[572]。

314　《太平御覽》587/6b

齊魏收以溫子昇、邢邵不作賦，乃云：「會須作賦，始成大才。唯以章表自許，此同兒戲。」

(32字)

見《北齊書》37/492、《北史》56/2034～5(魏收傳)，載有此事。《北齊書》、《北史》作「唯以章表碑志自許，此外更同兒戲。」於文義前後不符，當以《三國典略》爲正。魏收卒於北齊武平三年，即北周建德元年［572］。

315　《太平御覽》585/7a

齊主嘗問于魏收曰：「卿才何如徐陵？」收對曰：「臣大國之才，典以雅。徐陵亡國之才，麗以艷。」

(34字)

316　《太平御覽》599/8b

魏收言及《沈休文集》，毁短之。徐之才怒曰：「卿讀《沈文集》半不能解，何事論其得失？」謂收曰：「未有與卿談。」收去，避之。

(43字)

317　《太平御覽》601/5a

齊魏收以子姪少年須誡厲，遂著〈枕中篇〉以訓之。

(19字)

此事見《北齊書》37/492、《北史》56/2035(魏收傳)。魏收卒於北齊武平三年，即北周建德元年［572］。

318　《太平御覽》595/5a

齊魏收嘗在議曹與諸博士引據《漢書》，論宗廟事，博士笑之。收便忿，取〈韋玄成傳〉抵之而起。博士夜共披尋，遲明乃來謝曰：「不謂玄成如此學也。」

(55字)

此事不見於《北齊書》、《北史》本傳。卒年同上。

319　《太平御覽》603/4b

齊主以魏收之卒也，命中書監陽休之裁正其所撰《魏書》。休之以收敍其家事稍美，且寡才學，淹延歲時，竟不措手，唯削去嫡庶一百餘字。

(53字)

陽休之，《北齊書》42/560、《北史》47/1724有傳，不載此事。亦不見於〈魏收傳〉。魏收卒於北周建德元年［572］。

320　《太平御覽》209/7b

齊許惇，護之子也。性識敏速，達於從政。嘗爲司徒主簿。以能判，時人號爲「入鐵主簿」。

(32字)

許惇傳見《北齊書》43/574，云：「惇清識敏速，達於從政，任司徒主簿，以能判斷，見知時人，號爲入鐵主簿。」

《北史》26/946云：「清識敏速，達於從政。位司徒主簿，以明斷見知，時人號爲入鐵主簿。」

許惇，北齊武平三年卒［572］，即北周建德元年［572］。

321　《太平御覽》614/7a

齊許惇無學術。與邢劭、魏收等同列，諸人談說經史，惇隱几而睡，深爲勝流所輕。

(31字)

見《北齊書》43/575、《北史》26/946(許惇傳)。許惇卒年見上條。

322　《太平御覽》374/4b

齊許惇長鬚垂至帶。省中號爲長鬣公。文宣嘗因酒酣，握惇須(鬚)稱美，遂以刀截之，唯留一握。惇不敢復長。人號爲齊鬌公。

(46字)

見《北齊書》43/574、《北史》26/946(許惇傳)。許惇卒年見上條。

323　《太平御覽》276/2a

周高琳每征伐。勇冠諸軍。太祖謂之曰:「公即我之韓、白也。」
(22字)

見《北史》66/2323、《周書》29/496(高琳傳)。《周書》云［大統］四年，從擒莫多婁貸文。仍戰河橋，琳先驅奮擊，勇冠諸軍。太祖嘉之，謂之曰:「公即我之韓、白也。」

此事應屬西魏大統四年［538］。高琳卒於北周建德元年［572］。今從卒年。

324　《太平御覽》368/7b

徐之才年十三，劉孝綽見之，言曰:「徐郎鳶頷，班超之相也。」
(22字)

見《北齊書》33/444、《北史》90/2969～70(徐之才傳)。據《漢魏南北朝墓誌集釋》載徐之才墓誌，徐之才卒於北齊武平三年，即北周建德元年［572］。

325 《太平御覽》942/1b

徐之才初遷豫章王綜國常侍，隨綜入北。有一人患足跟痛，諸醫咸莫能識。之才視之曰：「蛤精疾也。得之當由乘船入海，垂脚入水中。」疾者曰：「實曾如此。」之才爲剖之，得蛤子二，大如榆莢。

(71字)

此事見《北齊書》33/446(徐之才傳)，《北史》90/2971同。

326 《太平御覽》612/7b

齊徐之才見有人以五色班蘭(斑斕)骨爲刀把者。之才曰：「此人瘤也。」問所得處。云：「於塚見髑髏骨，長數寸，試削視，有文理，故用之。」

(47字)

此事見《北齊書》33/446、《北史》90/2971(徐之才傳)。傳作「髑髏額骨」。

327 《太平御覽》904/5ab

徐之才嘗與朝士出游，望郡(群)犬並走。諸人令目之。之才應聲曰:「爲是宋鵲,爲是韓盧,爲逐李斯東走,爲負帝女南徂。」
(44字)

《北齊書》33/447、《北史》90/2973(徐之才傳)所載此事相同。

328 《太平御覽》381/3b

齊武成曾有疾。自云:初見空中有五色物,稍近,變成一美婦人,去地數丈,亭亭而立。徐之才云:「此至靈所致。」即進湯,服一劑,便覺稍遠。又服,還變成五色物。數劑,疾平。
(63字)

見《北齊書》33/446、《北史》90/2972(徐之才傳)。

「此至靈所致」,《北齊書》、《北史》均作「此色欲多,大虛所致」。

此事在北齊天統四年,但依其敍事內容應屬徐之才卒年北齊武平三年,即北周建德元年[572]。

329 《太平御覽》362/8a

周陸逞,字季明,綏德郡公通之弟也。初名彥,字世雄。

魏文帝嘗從容謂之曰:「爾既溫裕, 何乃字世雄? 且爲世之雄, 非所宜也。於爾兄弟又復不類。」遂改焉。

(58字)

見《周書》32/559、《北史》69/2393(陸逞傳)。據《周書》5/80(武帝紀)建德元年立皇太子。陸逞卒於東宮初建後, 即建德年間［572～579］。

330　《太平御覽》254/6a

周陸逞, 字季明。嘗爲宜州刺史。故事, 刺史奉辭, 例備鹵簿, 逞以時屬農要, 奏請停之。制曰:「逞雖未臨人, 已存優恤。宜遂所請, 彰其雅操。」

(51字)

事見《周書》32/560(陸逞傳)及《北史》69/2393～4, 而制文均無載。《周書》云:「及護誅, 坐免官。頃之, 起爲納言。又以疾不堪劇任, 乃除宜州刺史。」《周書》5/80(武帝紀上):「［建德元年三月］丙辰, 誅大冢宰晉國公護。」則此事應屬北周建德元年［572］以後。

573　北周建德二年

四月

331 《太平御覽》210/3a

齊以幷省尚書令高阿那肱爲錄尚書事。那肱才伎庸劣，不涉文史。尚書郎中源師常(嘗)白那肱云：「龍見當雩。」那肱問曰：「何處龍見？作何顏色？」師答曰：「此是龍星，須雩祭也。非是眞有龍見。」那肱曰：「漢兒多事，強知星宿。」**(81字)**

「龍見當雩」語見《左傳》桓公五年，謂每年孟夏，蒼龍昏見東方，以是月祀五方上帝，謂之「嘗雩」。

「肱」字讀如「瓌」，見《北齊書》50/692。

高阿那肱，《北齊書》50/690～2有傳：「才伎庸劣」語及「龍見當雩」事均見690頁；並云：「武平四年，令其錄尙書事」。武平四年，即北周建德二年［573］。《北齊書》8/106(後主紀)云：「［武平］四年春正月戊寅，以幷省尙書令高阿那肱爲錄尙書事。［......］［8/107］六月［......］以錄尙書事高阿那肱爲司徒。」則此事應屬北周建德二年。《資治通鑑》171/5319收入這一年四月。

亦參見《北史》28/1032～3。

五月

332 《太平御覽》365/4ab

高長恭以淮南之亂，恐爲將帥。嘆曰：「我去年面腄(腫)，今歲何爲不發?」至是，齊主使徐之範飲以毒藥。長恭謂妃鄭氏曰：「我盡忠事上，何辜於天，而遭賜鴆之禍?」
(59字)

見《北齊書》11/147、《北史》52/1879(高長恭傳)。

此事在北齊武平四年五月，即北周建德二年［573］。《資治通鑑》171/5323記載此事入這一年。

九月

333 《太平御覽》428/4ab

初，周萬年縣令樂運抑挫豪右，時稱強直，帝甚嘉之，特許通籍，事有不便，咸令奏聞。至是召運赴行在所。既至，問之曰：「卿來日見太子否?」運曰：「臣來日奉辭。」帝曰：「卿言太子何如人也。」運曰：「中人。」時齊王憲等並在帝側。帝顧之，謂曰：「百官佞我，皆云太子聰明。唯運獨云

『中人』，方驗之忠直。」因問中人之狀。運曰：「班固比齊桓爲中人，管仲相之則霸，竪貂輔之則亂，可與爲善，可爲與惡。」帝曰：「我知之矣。」超拜運爲京兆郡丞。
(158字)

此事見《周書》40/721及《北史》62/2219(樂運傳)。略有出入。

此事在北周建德二年 [573]。《資治通鑑》171/5326記載此事入這一年九月壬午。

十月

334 《太平御覽》734/9b

崔季舒未遇害，家池蓮莖化爲人面，着鮮卑帽。妻晝魘魘，寤云：「見人長一丈，遍體黑毛，欲來逼己。」巫曰：「此是五道將軍，入宅者不祥。」
(50字)

「妻晝魘魘」衍一「魘」字。

《太平廣記》361/2862云：「北齊崔季舒，位至侍中特進。忽爾其家池中蓮皆化爲人面，著鮮卑帽。又其妻曾晝寢，見一神人，身長丈餘，遍體黑毛，前來逼己。巫曰：『此是五道將軍，入宅者不祥也。』又庭中忽流血。有一白物，大如斛，自天而下，當其子首，未至尺餘，乃滅。季舒又見其家內廳中有一大手，長丈餘，從地而出。滿室光耀。問左右。皆云不見。尋以非罪見誅。」云出《北史》。

《太平御覽》975/6ab又引《北齊書》云：「後主武平中，特進侍中崔季舒宅中池內蓮莖皆作胡人面，仍着鮮卑帽。俄而季舒見煞。」

以上，正史均不見記載，疑據《三國典略》引錄。

關於鮮卑帽事，見呂一飛，〈鮮卑帽〉，《文史》第三十輯，1988年，第82頁。

據《北齊書》8/107(後主紀)及《資治通鑑》171/5328，崔季舒卒於武平四年十月辛丑，即北周建德二年［573］。

335　《太平御覽》599/1a

劉逖字子長，少好弋獵騎射，後發憤讀書，頗工詩詠。行臺尚書席毗嘗嘲之曰：「君輩詞藻，譬若春榮，須臾之翫，非宏材也。豈比吾徒千丈松樹，常有風霜，不可雕悴。」逖報之曰：「既有寒木，又發春榮，何如也?」毗笑曰：「可矣。」

(82字)

劉逖，《北史》42/1551、《北齊書》45/615均有傳，未載此事。劉逖卒於北齊後主武平四年十月［573］：見《北齊書》8/107(後主記)。

574　北周建德三年

四月

336　《太平御覽》975/6b

高緯所幸馮淑妃名小憐也。
(11字)

馮淑妃，《北史》14/525有傳，云：「以五月五日進之，號曰續命。」卒於隋開皇年間。

《資治通鑑》171/5334云：「其侍婢馮小憐大幸，拜爲淑妃。」入陳太建六年，即北周建德三年［574］夏四月。

本年中未確定月日的佚文

337　《太平御覽》614/2ab

齊王紘，字師羅，太安狄郡人，北豫州刺史基之子也。年十三，揚州刺史郭元貞撫其背曰：「汝讀何書?」對曰：「誦《孝經》。」元貞曰：「《孝經》云何?」曰：「在上不驕，爲下不亂。」元貞曰:「吾作刺史，豈其驕乎?」紘曰：「雖不驕，君子防未萌，亦願留意。」

(84字)

此事見《北齊書》25/365、《北史》55/1998(王紘傳)。王紘卒於北齊武平五年以後，即北周建德三年［574］以後。

338　《太平御覽》895/4b

齊盧潛與特進慕容儼善。儼之將死，謂其子曰：「盧尚書教我爲人。我死之後，將吾騂馬與之。」其子遂以他馬與潛。儼喪出得停，不肯進。巫祝爲儼聲曰：「何意不與盧尚書騂馬?」其子遵命。儼喪乃行。

(74字)

盧潛，《北齊書》42/554、《北史》30/1084並有傳。此事與《北史》30/1086所載近同。

《北史》作：恃德［即儼］柩出門自停，不可動，巫祝以爲恃德聲怒曰：「何不與盧尚書我所騎騂馬?」其子遽奉命，柩乃行。潛以馬價爲營福事。

盧潛卒於武平五年，即北周建德三年［574］。慕容儼於武平元年尚爲光州刺史，則此事在北周天和五年至建德三年間［570～574］。今從盧潛卒年。

575 北周建德四年

二月

339 《太平御覽》904/5a

齊高緯以波斯狗爲赤虎儀同、逍遙郡君，常於馬上設蹬褥以抱之。鬪雞亦號爲開府。馬皆籍以氈罽，被以金玉，號爲蛟龍儀同，其將合牝牡(牡)，則設青盧黼帳，牢具過於諸王婚禮。齊主常親視焉。

(74字)

高緯，即北齊後主，《北齊書》8/97、《北史》8/286均有本紀。紀中(8/113)敍及此事，稱：「御馬則藉以氈罽，食物有十餘種，將合牝牡，則設青廬，具牢饌而親觀之。狗則飼以粱肉。馬及鷹犬，乃有儀同、郡君之號。故有赤彪儀同、逍遙郡君、凌霄郡君，高思好書所謂駮龍、逍遙者也。犬於馬上設褥以抱之。鬬雞亦號開府。」可與此記載互爲校補。

高緯卒於北周建德七年 [578]。《資治通鑑》172/5340記載此事入陳太建七年二月，即北周建德四年 [575]。今從之。

四月

340 《太平御覽》898/8a

陳桃根於所部得青牛獻之，又上織成羅文錦被表二。陳主命於雲龍門外焚之，其牛遣還於人。

(37字)

《南史》10/296(陳本紀下)作：[陳宣帝太建七年夏四月] 庚寅，監豫州陳桃根獻青牛，詔以還百姓。乙未，桃根又上織成羅紋表各二，詔於雲龍門外焚之。

《陳書》5/88在「各二」下有「百首」二字。《太平御覽》707/7a引《陳書》作「羅文錦被」，無「表」字。張元濟〈陳書校勘記〉認爲是「織成羅」、「錦被」各二百耑。「首」爲「耑」(即「端」)字之誤。

此事在北周建德四年 [575]。《資治通鑑》172/5343記錄此事入這一年四月。

341　《太平御覽》594/3b

周武帝下令上書者並爲表，於皇太子已下稱啓。
(19字)

見《周書》6/91～2(武帝紀)、《北史》10/362(周本紀)。此事在北周建德四年［575］四月丁酉。

七月

342　《太平御覽》730/6ab

周王軌以隋公楊堅相表殊異，因入侍讌，陽醉，撥去堅帽言曰：「是何物頭額?」帝謂之雖大而卻無所至也。皇甫后見堅，又舉手自拍其額。帝謂堅曰：「皇后道公額也。」帝乃密使來和相堅。和詭對曰：「堅相貌是守節忠臣，宜作總管大將。作總管則能靜肅一方，作大將則能全軍破敵。」
(106字)

《北史》11/399(隋本紀上)載來和相楊堅事，《隋書》1/2(高祖紀)作趙昭相楊堅，所言亦與此不同。《北史》89/2952(來和傳)載：「建德四年五月，周武帝在雲陽宮謂臣曰：『諸公皆汝所識，隋公相祿何如?』臣報武帝曰：『隋公止是守節人，可鎭一方，若爲將領，陣無不破。』[......]明年，烏丸軌言於武帝曰：『隋公非人臣。』帝尋以問臣，臣知帝有疑，臣詭報曰:『是節臣,更無異相。』」與此處記載亦不盡相同。

「皇甫」疑是「皇」之誤。周武帝皇后無姓皇甫者。

《資治通鑑》172/5344記錄此事,入陳太建七年秋七月,即北周建德四年[575]。

九月

343 《太平御覽》366/8a

周武帝還自東伐,初遇疾,口不能言,瞼垂覆目。
(18字)

見《周書》47/842、《北史》90/2978(姚僧垣傳)。此事在北周建德四年[575]九月。

本年中未確定月日的佚文

344 《太平御覽》211/5a

北齊王晉明,豪侈有氣俠。留心經史,招引賓客。嘗爲尚書右僕射。百餘日,便謝病而退。告人云:「廢人飲酒,安能作刀筆吏,披故紙乎?」
(50字)

事見《北齊書》15/200(韓晉明傳)、《北史》54/1959。

《北齊書》15/200云:「天統中,改封東萊王。[……]武平末,除尚書左僕射,百餘日便謝病解官。」則《三國典略》「北齊王晉明」中疑脫字,當作「北齊東萊王韓晉明」。

此事應屬北周建德四年[575](即北齊武平六年)之後。

345 《太平御覽》603/4b

周蕭大圜爲滕王逌友。逌問於大圜曰:「吾聞湘東王作《梁史》,有之乎?餘傳乃可抑揚,帝紀奚若?隱則非實,記則攘羊。」對曰:「言之者妄也。如使有,亦不足怪,昔漢明爲《世祖紀》,章帝爲《顯宗紀》,殷鑒不遠,足爲成例,且君子之過,如日月之蝕,彰於四海,安得隱之?如有,亦安得而不隱?蓋子爲父隱,直在其中,諱國之惡,抑又禮也。」逌乃大笑。

(126字)

此事見《周書》42/758～9、《北史》29/1065(蕭大圜傳),略有不同。「言之者妄也」作「言者之妄也」。「如有」作「如有不彰」。蕭大圜卒於隋開皇年間[582以後],其任滕王逌友事在北周建德四年[575],今暫入此年。

576　北周建德五年

六月

346　《太平御覽》384/9ab

趙隱，字彥深。年五歲，母傅便孀居。傅謂之曰：「家貧兒小，何以能濟？」隱泣而言曰：「若天矜兒，大當仰報。」年十歲，司徒崔光奇之，謂賓客曰：「古人云：觀眸子，足以知之。此兒必當遠至。」
(67字)

見《北齊書》38/505、《北史》55/2006(趙彥深傳)，均較此文為簡略。

趙彥深卒於北齊武平七年六月，即北周建德五年［576］。

347　《太平御覽》726/3a

初鄴有賣卜者，相趙隱當大貴。及隱自黃門侍郎遷秘書監，崔肇師呼卜者而問己焉。卜者對曰：「公令望雖高，爵位難進。」肇師不悅，終如其言。
(54字)

此事見《北史》44/1635(崔肇師傳)，作：始鄴下有薛生者，能相人，言趙彥深(即趙隱)當大貴。肇師因問已，答曰：「公門望雖高，爵位不及趙。」終如其言。

《北齊書》38/505(趙彥深傳)載趙彥深卒於北齊武平七年六月，即北周建德五年［576］。崔肇師卒於天保初年。今從趙彥深卒年。

八月

348 《太平御覽》**374/5a**

周太子贇有失德。柱國王軌因內宴上壽，捋武帝鬚曰：「可愛好老公，恨後嗣弱耳。」

(31字)

見《周書》40/713(王軌傳)。王軌卒於北周大象元年［579］。《資治通鑑》172/5351記載此事入陳太建八年八月，即北周建德五年［576］，今從之。

349 《太平御覽》**917/6b**

齊高緯如晉陽。穆后將從辭胡太后于北宮。有雉集于御牀。有司獲之，不敢以聞。

(31字)

見《北齊書》8/109(後主紀)、《北史》8/297(齊本紀下)，無「穆后將從，辭胡太后于北宮」語。

此事在北齊武平七年八月，即北周建德五年［576］。

十月

350　《太平御覽》329/6b～7a

齊高緯發晉陽，開府薛榮宗嘗云能使鬼兵，言於齊主曰：「臣已發遣斛律明月將大兵在。」齊主信之。經介休，見一古冢。榮宗謂舍人元行恭曰：「是誰冢也?」行恭戲之曰：「郭林宗。」「是誰?」曰：「郭元貞父。」榮宗即啓云：「臣向見郭林宗從冢出，着大帽，吉莫鞾，搖馬鞭，問臣：我阿貞來否?」

(103字)

「嘗」，《北齊書》、《北史》均作「常」。「搖」，《北齊書》作「挿」，《北史》作「棰」。

見《北齊書》50/694、《北史》92/3055～6(薛榮宗傳)。

此事在北齊武平七年十月，即北周建德五年［576］。《資治通鑑》172/

5354「庚午，齊主自晉陽帥諸軍趣晉州。」

十二月

351 《太平御覽》323/8ab

周武伐齊。齊主亦於塹北列陣，謂高阿那肱曰：「戰是耶，不戰是耶?」那肱曰：「不如勿戰，卻守高梁橋。」安吐根曰：「一把子賊，馬上刺取，擲著汾陽中。」諸內參曰：「彼亦天子，我亦天子。彼能懸軍遠來，我何爲守塹示弱?」齊主曰：「此言是也。」使讓那肱曰：「爾富貴足，惜性命耶?」乃塡塹南引。帝大喜。齊主親戰，東偏頗有退者。淑妃怖曰：「軍敗矣!」穆提婆進曰：「大家去！大家去!」齊主以淑妃奔高梁關。奚長樂諫曰：「半進半退，戰家常體。今兵衆全整，未有傷敗。陛下捨此安之？御馬一動，人情驚擾。願速還安撫。」齊主將從之，穆提婆引其肘月曰：「言何可信?」齊衆大潰，軍資甲仗，數百里間，委棄山積。在陣死者八千餘人。齊主夜走，至洪洞戍。

(230字)

「親」《北史》作「觀」。「肘月」，「月」疑爲衍字。

見《北史》14/525～6(后妃傳)、92/3050～1(高阿那肱傳)。此事在北齊武平七年，即北周建德五年［576～577］。《資治通鑑》172/5358記載此事入這一年十二月庚戌［577/1/10］。

352 《太平御覽》313/3ab

後周軍圍晉陽，齊人望之如黑雲四合。高延宗勝兵四萬人嬰城布陣。躬與齊王憲交兵。自申至酉，死者甚衆。帝遂北入城。當天門頓營，焚佛寺。光燭天地。延宗率衆，排車向前。我軍遂卻。人相蹂死者頗衆。齊人欲閉門，以閫下積屍，扉不得闔。帝從數騎，崎嶇危嶮，僅得出門。侍臣殲焉。唯左仕上士厙狄嶔侍從。時四更也，延宗以帝長鬚，使於積尸之下求之，不得。士卒既勝，乃入坊飲。延宗不復能整頓之。帝出城，飢甚，將謀遁免。開府宇文忻進曰：「陛下乘勝至此，今者破竹其勢已成，奈何棄之而去?」會延宗使開府段暢以千人擊帝。暢以衆降盛，言城內空虛，更無繼援。帝乃駐馬召兵，旗鼓復振。攻三門，剋之。延宗率衆苦戰，尸骸塞路。辰時力屈，輕騎走出城北，於人家擒之。延宗見帝，自投於地。帝欲執其手。固辭曰：「死人手也，恐逼至尊。」帝強執之曰：「兩國天子，有何怨惡?直爲百姓而來耳，勿怖。」終不殺。

(306字)

見《北齊書》11/150、《北史》52/1882(高延宗傳)。

文中云「我軍」，爲周朝口吻。

《北齊書》、《北史》均不載厙狄嶔、宇文忻之事，稱「齊王憲，」「柱國王誼」諫，「承御上士張壽輒牽馬頭，賀拔佛恩以鞭拂其後，崎嶇僅得出。」與此不同。

據《周書》6/98(武帝紀)與《北齊書》11/150(高延宗傳)，此事發生於北周建德五年［576～577］十二月。《資治通鑑》172/5363～4記載此事與《北齊書》近同，但又載有宇文忻事，似引自《三國典略》，亦入這一年十二月庚申［577/1/20］。

353 《太平御覽》307/2b～3a

周武帝率六軍趣鄴。齊主令群臣議之。廣寧王孝珩議曰：「今大寇既深，事藉機變，請使任城王便領幽州道兵，自土門入，聲取并州。獨孤永業便領洛州兵，自潼關入，聲取長安。臣請領京畿兵，出滏只鼓行逆戰。賊懸軍遠來，日增疲老，聞南北有兵，自然應退。」
(98字)

見《北史》52/1877、《北齊書》11/145。「滏只」《北齊書》作「滏口」，《三國典略》誤。據《北齊書》8/109(後主紀)，此事發生於北齊武平七年(隆化元年)十二月［576～577］，即北周建德五年。《資治通鑑》172/

5365記載此事入此年十二月。

354　《太平御覽》329/5ab

周帝問齊王延宗曰:「鄴城若爲可取?」延宗辭曰:「亡國之大夫，不可與圖存。」強問之，乃曰:「若任城據鄴，臣不能知。若今主自守，陛下兵不血刃。」時好事者以爲延宗年號德昌，得二日也。及即位至敗，果二日。

(77字)

見《北齊書》11/150～1、《北史》52/1883(高延宗傳)。文字前後顛倒。此事在北周建德五年［576～577］。《資治通鑑》172/5366記載此事入這一年十二月。

577　北周建德六年

二月

355　《太平御覽》326/1b～2a

北齊平，任城王湝音諧據冀州，與廣寧王孝珩召募得四萬餘人，以拒我軍。齊王憲率衆討之。仍令太上主手書與湝曰:「朝廷遇緯甚厚，諸王無恙。叔若釋甲，則無所憂。」湝不納。及大開賞募，多出金帛。沙門求爲戰者，亦數千人。候騎執湝間諜二人，以白于憲。乃集齊之舊將，遍示之曰:「吾所爭者大，不在汝等。今放還，可即充我使。」乃與湝書曰:「一木不維大廈，三諫可以逃身。微子去商，侯服周代。項伯背楚，賜姓漢朝。兵交命使，古今通典。不俟終日，所望知機。」湝得書，沉之于井。憲至信都，湝陣於城南。憲登張耳冢以望之。俄而湝領軍尉相願遂以衆降。湝大怒，殺其妻子。明日復戰。憲遂破之，俘斬三萬人。湝被擒，見憲不拜，呼之爲弟。

(240字)

文中云「我軍」，爲周朝口吻。

《周書》12/193～4作:「齊任城王湝、廣寧王孝珩等據守信都，有衆數萬。高祖復詔憲討之。仍令齊主手書與湝曰:『朝廷遇緯甚厚，諸王無恙。叔若釋甲，則無不優待。』湝不納，乃大開賞募，多出金帛，沙門求爲戰士者，亦數千人。憲軍過趙州。湝令間諜二人覘窺形勢，候騎執以白憲。憲乃集齊之舊將，遍示之。又謂之曰:『吾所爭者大，不在汝等。今放汝還，可即充我使。』乃與湝書曰:『[......] 豈不知一木不維大廈，三諫可以逃身哉！且殷微去商，侯服周代；項伯背楚，賜姓漢朝。[......]兵交命使，古今通典不俟終日，所望知機也。』憲至信都，湝陣於城南，憲登張耳冢以望之。俄而湝所署領軍尉相願僞出略陣，遂以衆降。相願，湝心腹也，衆甚駭懼。湝大怒，殺其妻子。明日復戰，遂破之，俘斬三萬人，擒湝及孝珩等。」

此事在北周建德六年［577］。《資治通鑑》173/5373記載平高孝衍等事在這一年二月。

356　《太平御覽》306/2b～3a

北齊平。廣陵王孝珩曰：「奈何嗣君無獨見之明。宰相非柱石之寄，內參群豎，離間骨肉。恨不得握兵符，受廟算，出萬死，身先士卒，展我力耳。」

(53字)

《北齊書》11/145及《北史》52/1877：「孝珩獨歎曰：『李穆叔言齊氏二十八年，今果然矣。自神武皇帝以外，吾諸父兄弟無一人得至四十者，命也。嗣君無獨見之明，宰相非柱石之寄，恨不得握兵符，受廟算，展我心力耳。』」均較《三國典略》爲簡略。廣陵誤，應爲廣寧王。北周滅北齊，在北周建德六年［577］，高孝珩卒於同年。此事應屬這一年內。《資治通鑑》173/5373～4將此事收入是年，並作：「恨不得握兵符，受斧鉞，展我心力耳。」

357　《太平御覽》904/5a

齊廣寧王孝珩嘗畜一犬守。外人不得趣近。孝珩每射，令其取箭。亦解呼。召左右，牽衣而進。

(35字)

高孝珩，《北齊書》11/144、《北史》52/1876有傳。此事無載。

高孝珩卒於北周建德六年[577]。今暫附有關高孝珩的上兩條佚文下。

三月

358 《太平御覽》418/6ab

齊平，東雍州刺史傅伏堅守不降。帝遣韋孝寬將伏子仁寬招伏曰：「并州已平，故遣公兒來報。今授上大將軍，武鄉郡公，以金馬腦二酒鍾爲信。公宜急下。」伏不受，謂孝寬日(曰)：「事君有死無貳。此兒爲臣不忠，爲子不孝。願即斬以示天下。」帝又遣高阿那肱等百餘人臨汾召伏。伏出軍，隔水相見，問：「至尊何在?」阿那肱曰：「已被捉獲，別路入關。」伏仰天大哭，率衆入城，於廳事前北面哀號，良久乃降。帝見之曰：「何不早下?」伏流涕而對曰：「臣三代被任，草命不能自死。羞見天地。」帝執其手曰：「爲臣當若此。朕平齊國，唯見公一人。」乃自食一羊肋，以骨賜伏曰：「骨親肉疏。所以相付。」授上儀同也。

(221字)

仁寬，《北史》作世寬。

見《北齊書》41/546、《北史》53/1931(傅伏傳)。此爲北周建德六年事［577］。

《資治通鑑》173/5377～8記載此事入這一年三月。

359　《太平御覽》734/9b

齊高緯夜夢黑衣貴人送相驅逐，乃向之拜。巫者烏大以厭之。又於芳林園自著破衣裳爲窮兒，入市躬自交易焉。築西鄙諸城，爲羌兵鼓譟凌之，多作黑衣人，共相執縛，親率內參臨拒，或實彎弓射人。自晉陽東巡，單馬馳騖，前不得有人，［衣］解髮散而歸。

(96字)

此事見《北齊書》8/113(幼主紀)、《北史》8/301(幼主紀)。

「築西鄙諸城」，〈幼主紀〉作「寫築西鄙諸城」。高緯夢不載。

據《北齊書》，高緯卒於北周建德七年［578］，《資治通鑑》173/5381載其卒於陳太建九年十月，即建德六年［577］。此事在北齊天統、武平年間，即北周保定五年至建德五年［565～576］，今暫從《資治通鑑》入577年。

360 《太平御覽》927/7a

齊太山主，武成之長也。母曰胡太后，夢於海上坐玉盆，日入裙下，遂有娠，生於并州。其日有鴞鳴於產帳之上。
(42字)

「太山」二字誤，當爲「太上」，即北齊後主。

此事分見於《北齊書》8/97(後主紀)及《北齊書》9/126(武成皇后胡氏傳)。《北史》8/286(齊紀)及《北史》14/522(后妃下)所載相同。

北齊後主生於北齊天保七年五月五日，即西魏恭帝三年［556］，今從卒年。

本年中未確定月日的佚文

361 《太平御覽》975/6a

周平齊，齊幼主、胡太后等並歸于長安。初武成殂後有謠云:「千錢買菓園，中有芙蓉樹。破券不分明，蓮子隨他去。」調甚悲苦，至是應焉。
(51字)

此事在北周建德六年［577］。

578 北周宣政元年

二月

362 《太平御覽》323/8b～9a

周遣大將軍王軌破陳於呂梁，擒其司空南平郡公吳明徹、北徐州刺史董安公、程文季等。俘斬三萬餘人。初，軌潛於清水入淮口多堅(豎)大木，以鐵鎖貫車輪，橫截水流，遏斷舡。蕭摩訶謂明徹曰：「聞王軌正鎖下流。其兩邊築城，今尚未立。若見遣擊之，彼必不敢相拒。彼城若立，則吾屬且爲虜矣。」明徹乃奮髯曰：「搴旗陷陣，將軍事也。長算遠略，老夫事也。」摩訶失色而退。一旬之間，我兵益至。摩訶又請明徹曰：「今求不得，進退無路。若潛軍突圍，未足爲恥。願公率步乘車輿徐行。摩訶領鐵騎數千騎前後。必當使公安達京邑。」明徹曰：「弟之此計乃良圖也。然老夫受脤專征，不能戰勝攻取。今被圍逼，慚寡無地。且步軍既多，吾爲總督，必須身居其後，相率兼行。」遂欲破堰。大軍以舫載馬。北譙州刺史裴子烈議曰：「若決堰下舡，舡必順倒。不如前遣馬出，於事爲允。」會明徹疾篤，知事不濟，遂從之。乃遣摩訶率馬數千前還，明徹決堰，乘水而退至清口。水勢漸微，舡礙車輪，並不得度。軌圍而蹙之。明徹力窮就執。陳之銳卒，於是殲焉。

(352字)

「數千騎」之「騎」字，《陳書》作「驅馳」。「順」，《陳書》、《南史》均作「傾」。

文中云「我兵」，爲周朝口吻。

見《周書》6/106(武帝紀)、40/712(王軌傳)、《陳書》31/410(蕭摩訶傳)、9/163～4(吳明徹傳)、《南史》66/1622～3(吳明徹傳)。

此事在北周宣政元年［578］。《資治通鑑》173/5384～5記載此事入這一年二月。

五月

363 《太平御覽》375/6a

周武帝不豫，止於雲陽宮。內史柳昇私問姚僧坦(垣)曰：「至尊貶膳日久，脉候何如?」對曰：「天子上應天心，非愚所及。凡庶如此，萬無一全。」

(50字)

見《周書》47/843(姚僧垣傳)。此事在北周宣政元年［578］。《資治通鑑》173/5387記在五月癸巳。

閏六月

364　《太平御覽》372/2a

後周盧昌期、祖英伯反，宇文神舉討平之。神舉以英伯壯節，欲令寬赦。軍人已割其髀肉如鵝卵矣。英伯顏色不變，遂遣誅之。

(48字)

《周書》40/715(宇文神舉傳)、《北史》10/373(周紀)、《隋書》57/1397～8(盧思道傳)等處言及盧昌期、祖英伯反事，無「軍人已割髀肉如鵝卵矣」以下文字。

此事在北周宣政元年［578］。《資治通鑑》173/5389記盧昌期反事於這一年閏六月。

579 北周大象元年

本年中未確定月日的佚文

365 《酉陽雜俎》續集 4/233

予開成初，讀《三國典略》，梁大同中驟雨，殿前有雜色珠，梁武有喜色，虞寄因上〈瑞雨頌〉，梁武謂其兄荔曰：「此頌清拔，卿之士龍也。」
(40字)

此文又見於《陳書》19/258及《南史》69/1680～1(虞寄傳)，《陳書》作：「此頌典裁清拔，卿家之士龍也。將如何擢用?」虞寄卒於陳太建十一年，即北周大象元年［579］。

580 北周大象二年

366 《太平御覽》266/6b～7a

陳褚玠爲中書侍郎。陳主以山陰縣多豪猾，謂舍人蔡景歷曰：「稽陰大邑，久無良宰。卿文士之內，試思其人。」景歷進曰：「褚玠清廉有幹用。」陳主曰：「善。」乃以爲令。縣人張次的、王休達等，與諸猾吏賄賂通姦，全丁大戶多有隱沒。玠乃鎖次的，具狀啓臺。陳主手敕慰勞，并遣使助玠搜括。所出軍人八百餘戶。時曹義達爲陳主所寵。縣人陳信家富於財，諂事義達。信父顯文，恃勢撗暴。玠乃遣使執顯文，鞭之一百。於是吏人股慄，莫敢犯者。義達於是譖之。玠在任守祿俸而已。去官之後，不堪自致。因留縣境，種蔬菜以自給。或嗤玠以非百里之才。玠答曰：「吾委輸課最，不後列城，除殘去暴，姦吏跼蹐。若謂不能自潤脂膏，則如來命。以爲不達從政，吾未服也。」

(248字)

見《陳書》34/460～1、《南史》28/758～9(褚玠傳)。《陳書》云此事出於「太建中」，又褚玠「[太建] 十年，除電威將軍、仁威淮南王長史。」則此事應在北周天和四年 [569] 至宣政元年 [578] 之間。褚玠卒年在陳太建十二年 [580] 以後，今從之。

附錄一　因時間無法確認，暫依其人卒年置於隋代的佚文

581 隋開皇元年

367 《太平御覽》919/2b

庾信自建康遁歸江陵，湘東王因賜妾徐氏。妾與信弟羨私通。羨欲求之，無致言者。信庭前有一蒼鵝，乃繫書于鵝頸。信視之乃羨啓，遂題紙尾曰：「畜生乞汝。」
(60字)

庾信奔江陵在梁侯景作亂時，即梁太清二年，西魏大統十四年［548］後。庾信卒於隋開皇元年［581］：見《北史》83/2794。

368 《太平御覽》586/5ab

王晞爲常山王司馬。晞恬憺寡欲，不以世務爲累。時謂之方叔司馬。常游晉祠，賦詩曰：「日落應歸去，魚鳥見留連。」時常山王遣使召晞，晞不時至。明日，承(丞)相西閣祭酒盧思道問晞：「昨已朱顏，得無魚鳥致怪乎?」晞笑曰：「昨陶然，以酒被責，卿輩亦是留連之一物，豈直魚鳥而已哉。」
(105字)

見《北齊書》31/422、《北史》24/890～1(王晞傳)。此事並載於傳中。唯「方叔司馬」一名不同，傳作「物外司馬」。方叔爲周宣王大臣，北伐獫狁,與此文義不符。疑原作「方外司馬」，而「外」字誤作「叔」。

此爲北齊天保年間事。王晞卒於隋開皇元年［581］。

369　《太平御覽》979/2b～3a

齊武成帝皇后胡氏，安定人，魏宁(中)書令兗州刺史延之女也。母盧氏，懷孕廷之初，有胡僧來詣門曰:「此宅瓠盧中有月。」

(45字)

此事見《北齊書》9/126(胡后傳)、《北史》14/522(胡后傳)。

「懷孕廷之初」一句不通。疑「廷之」爲「延之」之誤。誤衍入此句。《北齊書》、《北史》均作:「初懷孕。」

胡后卒於隋開皇中。今暫置開皇元年［581］。

370　《太平御覽》717/6b

胡太后使沙門靈昭造七寶鏡臺，合有三十六戶，每室別有一婦人，手各執鎖。才下一關，三十六戶一時自閉。若抽此關，諸門皆啓，婦人各出戶前。

(56字)

胡太后，當指北齊武成后胡氏。《北齊書》9/126及《北史》14/522有傳，不載此事。

371　《太平御覽》976/4a

庫(厙)狄士文爲貝州刺史，性清苦，不受公料，家無餘財。其子嘗噉官廚餅，士文枷之繫獄累日，杖之一百，步送還京。僮隸無敢出門。所買菜必於外境。凡有出入，皆封署其門。親故絕跡，慶吊不通。

(73字)

厙狄士文，《北齊書》15/198～9及《北史》54/1957並有傳。所載此事相同。其任貝州刺史及卒日均在隋文帝受禪以後，即隋開皇年間事。錢大昕《廿二史考異》31/4b云：「按士文隋之酷吏，《隋史》已爲立傳，不應闌入《齊書》，蓋後人以〈厙狄干傳〉亡，取《北史》補之，而不知限斷之例，遂幷〈士文傳〉牽連入之。」可能《三國典略》亦從其例。

372　《太平御覽》728/5b

齊趙輔和明《易》善筮。後宮誕男女時日，筮無不中。有人父疾，輔和筮之，遇乾之晉，告之以吉，退而謂人曰：「乾爲天，天變爲魂而昇於天，能無死乎?」果如其言。

(59字)

見《北史》89/2937(趙輔和傳)。趙輔和卒於隋開皇中［581以後］。

582　隋開皇二年

373　《太平御覽》229/1b

齊太常少卿袁聿修，巡省河南諸州。兗州刺史刑部(邢卲)與聿修故舊，嘗於省中盛呼聿修爲清郎。至是，遣送白紬爲信。聿修不收，與卲書郎曰：「瓜田李下，古人所愼。多言可畏，譬之防川。願表此心，不貽厚責。」卲亦忻然報書曰：「一日之贈，率爾不思。老夫忽忽，意不及此。敬丞(承)來旨，吾無間然。弟昔爲清郎，今作清卿矣。」

(118字)

「與卲書郎」之「郎」字疑爲衍字。

《北齊書》42/565～6(袁聿修傳)：「聿修在尙書十年，未曾受升酒之饋。尙書邢卲與聿修舊款，每於省中語戲，常呼聿修爲清郎。大寧初［561］，聿修以太常少卿出使巡省，仍命考校官人得失，經歷兗州，時邢卲爲兗州刺史，別後遣送白紬爲信。聿修退紬不受，與邢書云：『今日仰過，有異常行，瓜田李下，古人所愼，多言可畏，譬之防川，願得此心，不貽厚責。』邢亦忻然領解，報書云：『一日之贈，率爾不思，老夫忽忽，意不及此，敬承來旨，吾無間然。弟昔爲清郎，今日復作清卿矣。』」

又云：「隋開皇［......］二年［582］，出爲熊州刺史。尋卒，年七十二。」

《北史》47/1719(袁聿修傳)亦同。

374　《太平御覽》398/4b

齊陽休之幼年將仕，夢鄴城東南有大冢，上有銅柱，跗爲蓮花。休之從西北而登，以手捉柱，柱右轉。夢中咒曰：「三匝而止。」柱如其言。榮貴之後，所居之宅竟在其地。

(62字)

「跗」，《北史》作「趺」。

見《北史》47/1728(陽休之傳)。傳無「所居之宅竟在其地」等語。陽休之卒於隋開皇二年［582］以後。

375　《太平御覽》901/5a

齊陽休之嘗乘騾游於公卿門，略無慚色。

(16字)

陽休之，《北齊書》42/560及《北史》47/1724有傳。此事無載。

583　隋開皇三年

376　《太平御覽》889/8a

徐陵，東海郯人，梁石右衛率摛之子。母嘗夢五色雲化而爲鳳，集左肩上，已而誕陵。年數歲，家人攜之以候寶誌。寶誌摩其頂曰：「天上石麒麟也。」

(55字)

「梁石」之「石」字疑爲衍字。

徐陵傳見《梁書》30/448及《南史》62/1522。此段記載又見《南史》，與此同，僅「寶誌」作「沙門釋寶誌」。又據傳，其父徐摛爲太子左衛率。此有誤。徐陵卒於陳至德元年，即隋開皇三年［583］。

377　《太平御覽》610/9b

徐陵，子份。陵嘗遇疾甚篤，份燒香泣涕，跪誦《孝經》，晝夜不息。如此者三，陵疾豁然而愈。

(33字)

見《陳書》26/336、《南史》62/1526(徐份傳)。徐份卒於陳太建二年,即北周天和五年[570]。徐陵卒於隋開皇三年[583]。今從徐陵卒年。

589 隋開皇九年

378 《太平御覽》246/5b～6a

陳殷不害,字長卿,尚書右丞,不佞兄也。長於政事,飾以儒術。梁武帝時,與庾肩吾俱爲東宮通事舍人,直日奏事。梁武謂肩吾曰:「卿是文學,吏事非所長。可使不害來耶?」**(64字)**

〈殷不害傳〉見《陳書》32/423～4及《南史》74/1848。此事無載。殷不害以陳禎明三年,即隋開皇九年[589]卒,年八十五。見《陳書》32/425、《南史》74/1849。

附錄二 年代無法確定的《三國典略》佚文

379 《太平御覽》265/3ab

梁李膺,字公胤,廣漢人也。西昌侯藻爲益州,以爲主簿,使至建康。梁武悅之,謂曰:「卿何如昔日李膺。」對曰:

「勝。」問其故。對曰：「昔事桓、靈之主，今逢堯、舜之君。」梁武嘉其對，以如意擊席者久之。

(71字)

事見《南史》55/1370。《梁書》23/361(蕭藻傳)「天監元年，封西昌縣侯，[......]出爲持節、都督益、寧二州諸軍事、冠軍將軍、益州刺史。[......] 九年，徵爲太子中庶子。」則此事應在北魏景明三年至永平三年間［502～510］。李膺卒年不詳。

380　《太平御覽》211/5a

東魏以孫騰兼尚書左僕射。府庫關鑰，一以委之。

(19字)

《魏書》11/280(出帝平陽王紀)云：「[中興二年]以侍中、車騎大將軍、尚書左僕射孫騰爲驃騎大將軍、儀同三司。」則此事應發生於北魏中興二年［532］前，在《三國典略》編年之前，此條或附於其他事件中，未詳所出。

381　《太平御覽》259/5b

王慶籍爲京兆太守。太祖以其精勤，賚以紫袍及綾裳一襲，謂百官曰：「王慶籍一世清人也。」

(35字)

此人不見於正史。

382　《太平御覽》329/7ab

梁臨汝侯蕭猷嘗爲吳郡太守，與楚廟神交，飲至一石，而神亦有酒色，所禱必從。後遷益州刺史。江陽人齊苟兒反，率衆攻城。猷乃遙禱請救。將戰之日，有田老逢一騎絡鐵從東來，問去城幾里，曰：「四十。」時已晡，騎舉稍(矟)，曰：「後人來，可令之疾馬，欲及日破賊。」俄有數百騎如風。一騎請飲。田老問爲誰，曰：「吳興楚王來救臨汝侯。」此時廟中祈禱，無復有驗。十餘日後，乃見侍衛土偶，泥濕如汗。於是苟兒乃平。

(153字)

「石」，《南史》作「斛」。「絡」，《南史》作「浴」。「稍」，《南史》作「矟」。

見《南史》51/1269(蕭猷傳)。《魏書》37/859(司馬楚之傳)等處載俘梁將齊苟兒，在北魏永平元年［508］。但無法證明與此處齊苟兒是否一人。此事年代亦不詳。

383　《太平御覽》354/2a

北齊安州刺史盧胄，入海島，得一人脛，可長二丈。以爲矟，獻於神武諸將。咸莫能用，唯彭樂舉之。胄未幾遇疾，痛聲聞外。巫言海神爲祟。因此而卒。

(56字)

盧胄，《北史》作盧曹。

見《北史》31/1150(盧曹傳)。據《北齊書》22/320(盧文偉傳)知盧曹任安州刺史在北魏中興［531～532］前後。

384　《太平御覽》400/6a

齊李鉉，字寶鼎，渤海南皮人也。春夏務農，秋冬入學。經疏之多發自於鉉。嬰疾在牀，夜夢孔子忿其廣爲疏例，繫而捶之。既寤之後，其疏例焚，尋而病愈。

(58字)

385　《太平御覽》638/1b

齊封述，渤海蓨人，廷尉卿軌之子也。久爲法官，明解律令，議斷平允，時人稱之。

(30字)

此事見《北齊書》43/573、《北史》24/900(封述傳)；文字相同。封述卒年不詳。

386　《太平御覽》649/3a

齊崔謙(崔伯謙)遷鉅鹿太守，恩信大行，改鞭用熟皮爲之，不忍見血，示恥而已。有貧弱未理者，皆曰：「我自造白鬢公，不慮不決。」在郡七載，獄無停囚。

(53字)

《北齊書》46/642、《北史》32/1162(崔伯謙傳)，均載有此事。「鉅鹿太守」誤，史傳作「濟北太守」，後遷「南鉅鹿太守」。「白鬢公」，史傳作「白鬚公」。崔伯謙卒年不詳。

387　《太平御覽》650/2a

齊義寧太守荀仲舉，字士高，潁川汝陰人也。在郡清簡，亦工詩詠，嘗與長樂王尉粲劇飲，齧粲指至骨。齊文宣知之，賜杖一百。或問其故，云：「我那許當時，正疑是鹿尾耳。」

(64字)

此事見《北齊書》45/627(荀仲舉傳)。

「當時」,《北齊書》作「當是」。「鹿尾」,《北齊書》作「麈尾」,《冊府元龜》914/24b作「鹿尾」。麈尾在當時是名士手持的拂麈，不可食。應以「鹿尾」爲正。

荀仲擧卒年不詳。

388　《太平御覽》734/9b

初，齊神武之克鄴城，於北臺上建立神祠，蓋布衣時所事也。每祠之日，唯與巫潘嫗及數人行事，親自神宰割，外無見者。至是，齊主焚除此廟，并擲巫於火，令燒殺之。
(63字)

389　《太平御覽》838/6a

李岳字祖仁，官至中散大夫，嘗爲門客所說，擧錢營生，廣收大麥，載赴晉陽，候其寒食，以求高價。清明之日，其車方達。又從晉陽載化生向鄴城，路逢大雨，並化爲泥。息利既少，乃至貧迫。當世人士莫不笑之。
(79字)

李岳(《魏書》作嶽)《北史》43/1604、《魏書》65/1461、《北齊書》35/468均有記載，但此事不見敍及。《北史》稱李岳「性純至」。與此擧相映成趣。

此事年代不詳，可能是北齊時事。其弟李庶卒於天保年間，李岳卒於李庶之後。

390 《太平御覽》951/3a

梁劉殼常有飛書謗殼(謗毀)。梁主怒曰:「劉殼似衣中虱，必須掐之。」

(23字)

「殼」疑應作「瑴」。劉瑴，《梁書》41/584及《南史》50/1241有傳。字仲寶，曾任湘東王中記室。後至吏部尚書、國子祭酒。傳中沒有記載此事。劉殼則不見史載。其人仕宦主要在梁武帝末年至梁元帝期間，約值西魏大統初年至廢帝二年［535～553］。

391 《太平御覽》971/4ab

齊命通直散騎常侍辛德源聘于陳。陳遣主客蔡佞宴酬，因談謔，手弄檳榔，乃曰:「頃□□聞北間有人爲噉檳榔獲罪，人間遂禁此物，定爾不?」德源答曰:「此是天保初王尚書罪狀辭耳，猶如李固被責，云胡粉飾貌，搔頭弄姿，不聞漢世頓禁胡粉。」

(91字)

「頃」後原空缺二字。

「李固被責」事見《後漢書》63/2084(李固傳)。

此事時間不詳。辛德源卒於隋代，聘陳事可能在北齊末年。

392 《太平廣記》327/2592

齊崔子武幼時，宿于外祖揚州刺史趙郡李憲家，夜夢一女子，姿色甚麗，自謂云龍王女，願與崔郎私好。子武悅之，牽其衣裾，微有裂綻。未曉告辭，結帶而別。至明，往山祠中觀之。旁有畫女，容狀即夢中見者。裂裾結帶猶在。子武自是通夢，恍惚成疾，後逢醫禁之，乃絕。

(102字)

「私好」，據嚴一萍錄孫潛校勘，作「有私」。

崔子武，《北齊書》7/92、30/404、35/469，《北史》8/283、32/1188、43/1578，《隋書》57/1404等均有提及。可知其人於北齊天保、河清年間任御史、兼散騎常侍，卒年不詳。

393《太平廣記》296/2359

北齊盧元明，聘于梁。其妻乘車，送至河濱。忽聞水有香氣異常，顧見水神湧出波中。牛乃驚奔，曳車入河。其妻溺死。兄子士佳尚幼，與同載，投下獲免。出《北史》
(57字)

《太平廣記》云：「出北史」。查今本《北史》中無此文，疑或出於《三國典略》。

394　《太平廣記》247/1914

齊主客郎頓丘李恕身短而袍長。盧詢祖腰麤而帶急。恕曰：「盧郎腰麤帶難匝。」答曰：「丈人身短袍易長。」恕又謂詢祖曰：「盧郎聰明必不壽。」答曰：「見丈人蒼蒼在鬢，差以自安。」出《北史》
(65字)

《太平廣記》云：「出《北史》。」此文僅「見丈人蒼蒼在鬢，差以自安」一句見於《北史》30/1094(盧詢祖傳)，然傳云係對邢劭所言。與此不同。疑此文亦出《三國典略》。

盧詢祖卒年不詳。

附錄三　根據內容可確定不是《三國典略》的佚文

1　《太平御覽》897/2a

神馬者，河之精也。代馬，陰之精也。

(13字)

此條見《說郛》輯魚豢《典略》。

2　《太平御覽》380/3a

山公目嵇叔夜之爲人也，巖巖若孤松之獨立。

(18字)

山公，即山濤，《晉書》43/1223有傳。嵇叔夜，即嵇康，《晉書》49/1369有傳。均爲晉代名士。下同。

3　《太平御覽》380/3a

嵇叔夜之爲人，其醉也，傀峨如玉山之將頹。

(17字)

4　《太平御覽》380/3a

衛玠從豫章下，人久聞其姿，觀者如堵。玠先有羸疾發，遂死。時人謂看殺衛玠。

(30字)

衛玠，《晉書》36/1067有傳。

5　《太平御覽》380/3a

人歎王恭形茂者，濯濯如春月柳。

(13字)

見《晉書》84/2186。

6　《太平御覽》380/3a

王右軍見杜洪理歎曰：「膚如凝脂，眼如點漆，此神仙中人也。」

(23字)

王右軍，即王羲之，《晉書》80/2093有傳。

7 《太平御覽》380/3a

裴叔則有儁彩容儀，脱冠麤服亂頭皆好。有人見之曰：「裴叔則如玉山行光，映照人也。」
(33字)

可參見《晉書》35/1048。

8 《太平御覽》380/3a

時人目李宣國如玉山之將摧。
(12字)

9 《太平御覽》380/3ab

衛伯玉爲尚書令，見樂廣與朝中名士談義，奇之曰：「自昔諸子弟造之曰：此人水鑒也。瑩然若披雲霧，而睹青天。」
(43字)

10 《太平御覽》380/3b

撫軍問孫興公：「劉眞長何如?」曰：「淸簡令淑。」「王仲祖何如?」曰：「溫潤恬和。」
(26字)

11　《太平御覽》380/3b

范豫章謂王荊州范甯王悅曰：「卿風流儁望，眞後來之秀。」王曰：「不有此舅，焉有此甥。」王氏譜曰：坦之娶陽范汪女甯姊，姊生悅。

(28字)

見《晉書》75/1972～3。

12　《太平御覽》380/3b

庾子嵩目和嶠森森如千丈之松，雖磊砢有節目，施之大廈，有棟梁之用也。

(29字)

見《晉書》45/1283、50/1396。

13　《太平御覽》595/4b

王粲才既高辯，鍾繇、王郎等雖各爲魏卿相，於朝廷奏議皆閣筆不敢措手。

(29字)

王粲，《三國志》21/599(〈魏書·王粲傳〉)，裴松之注引《典略》曰：

「粲才既高，辯論應機。鍾繇、王郎等雖名爲魏卿相，至於朝廷奏議，皆閣筆不能措手。」此《典略》當爲晉魚豢所撰，非丘悅《三國典略》。

14 《太平御覽》597/5b

衛褭字叔遼，河東人。修行至孝，州郡嘉之。時有白波賊衆數萬人，官兵誅伐不能平。賊曰：「使叔遼要我，願散。」於是褭爲移書，即平定。

(50字)

衛褭一人，正史不見記載。白波賊起義是漢靈帝中平末年的事。此條當出晉魚豢所撰《典略》。

15 《事物紀原》1/5

《典略》載云〈孫瓚表〉曰：皇羲已來，始有君臣上下之事。

(16字)

原文見《三國志》8/242～3，裴松之注引《典略》，當是魚豢作。「孫瓚」當是公孫瓚之誤。

16 《事物紀原》9/494

魏明帝使博士馬鈞作水轉百戲，巨獸魚龍曼延，弄馬列騎備，如漢西京故事，今世皆傳其法。蓋其始自馬鈞也。
(43字)

注明出《典略》，而原文見《三國志》3/104～5，裴松之注引《魏略》。非丘悅《三國典略》。

滄海叢刊書目（一）

國學類

中國學術思想史論叢（一）～（八）	錢　穆　著
現代中國學術論衡	錢　穆　著
兩漢經學今古文平議	錢　穆　著
宋代理學三書隨劄	錢　穆　著
論戴震與章學誠 ——清代中期學術思想史研究	余英時　著
論語體認	姚式川　著
論語新注	陳冠學　著
西漢經學源流	王葆玹　著
文字聲韻論叢	陳新雄　著
入聲字箋論	陳慧劍　著
楚辭綜論	徐志嘯　著

哲學類

國父道德言論類輯	陳立夫　著
文化哲學講錄（一）～（六）	鄔昆如　著
哲學：理性與信仰	金春峰　著
哲學與思想	王曉波　著
內心悅樂之源泉	吳經熊　著
知識・理性與生命	孫寶琛　著
語言哲學	劉福增　著
哲學演講錄	吳　怡　著
日本近代哲學思想史	江日新　譯
比較哲學與文化（一）、（二）	吳　森　著
從西方哲學到禪佛教 ——哲學與宗教一集	傅偉勳　著
批判的繼承與創造的發展 ——哲學與宗教二集	傅偉勳　著
「文化中國」與中國文化 ——哲學與宗教三集	傅偉勳　著

從創造的詮釋學到大乘佛學　傅偉勳　著
——哲學與宗教四集
佛教思想的現代探索　傅偉勳　著
——哲學與宗教五集
中國哲學與懷德海　東海大學哲學研究所主編
人生十論　錢　穆　著
湖上閒思錄　錢　穆　著
晚學盲言（上）、（下）　錢　穆　著
愛的哲學　蘇昌美　著
邁向未來的哲學思考　項退結　著
逍遙的莊子　吳　怡　著
莊子新注（內篇）　陳冠學　著
莊子的生命哲學　葉海煙　著
墨家的哲學方法　鍾友聯　著
韓非子通論　姚蒸民　著
韓非子析論　謝雲飛　著
韓非子的哲學　王邦雄　著
法家哲學　姚蒸民　著
中國法家哲學　王讚源　著
二程學管見　張永儁　著
王陽明　張君勱　著
——中國十六世紀的唯心主義哲學家　江日新　譯
王船山人性史哲學之研究　林安梧　著
西洋百位哲學家　鄔昆如　著
西洋哲學十二講　鄔昆如　著
希臘哲學趣談　鄔昆如　著
中世哲學趣談　鄔昆如　著
近代哲學趣談　鄔昆如　著
現代哲學趣談　鄔昆如　著
思辯錄　勞思光　著
——思光近作集
中國十九世紀思想史（上）、（下）　韋政通　著
存有・意識與實踐　林安梧　著
——熊十力體用哲學之詮釋與重建
先秦諸子論叢　唐端正　著
先秦諸子論叢（續編）　唐端正　著

周易與儒道墨　張立文　著
孔學漫談　余家菊　著
中國近代新學的展開　張立文　著
哲學與思想 ——胡秋原選集第二卷　胡秋原　著
從哲學的觀點看　關子尹　著
中國死亡智慧　鄭曉江　著
後設倫理學之基本問題　黃慧英　著
道德之關懷　黃慧英　著
異時空裡的知識追逐 ——科學史與科學哲學論文集　傅大為　著

宗教類

天人之際　李杏邨　著
佛學研究　周中一　著
佛學思想新論　楊惠南　著
現代佛學原理　鄭金德　著
絕對與圓融 ——佛教思想論集　霍韜晦　著
佛學研究指南　關世謙　譯
當代學人談佛教　楊惠南編著
從傳統到現代 ——佛教倫理與現代社會　傅偉勳主編
簡明佛學概論　于凌波　著
修多羅頌歌　陳慧劍譯註
禪　話　周中一　著
佛家哲理通析　陳沛然　著
唯識三論今詮　于凌波　著

應用科學類

壽而康講座　胡佩鏘　著

社會科學類

中國古代游藝史 ——樂舞百戲與社會生活之研究　李建民　著
憲法論叢　鄭彥棻　著

憲法論集	林紀東 著
憲法論衡	荊知仁 著
國家論	薩孟武 譯
中國歷代政治得失	錢穆 著
先秦政治思想史	梁啟超原著 賈馥茗標點
當代中國與民主	周陽山 著
我見我思	洪文湘 著
釣魚政治學	鄭赤琰 著
政治與文化	吳俊才 著
中華國協與俠客清流	陶百川 著
世界局勢與中國文化	錢穆 著
海峽兩岸社會之比較	蔡文輝 著
印度文化十八篇	糜文開 著
美國社會與美國華僑	蔡文文輝 著
日本社會的結構	福武直原著 王世雄 譯
文化與教育	錢穆 著
開放社會的教育	葉學志 著
從通識教育的觀點看 ——文明教育和人性教育的反思	何秀煌 著
大眾傳播的挑戰	石永貴 著
傳播研究補白	彭家發 著
「時代」的經驗	汪琪、彭家發 著
新聞與我	楚崧秋 著
書法心理學	高尚仁 著
書法與認知	高尚仁、管慶慧 著
清代科舉	劉兆璸 著
排外與中國政治	廖光生 著
中國文化路向問題的新檢討	勞思光 著
立足臺灣，關懷大陸	韋政通 著
開放的多元社會	楊國樞 著
現代與多元 ——跨學科的思考	周英雄主編
臺灣人口與社會發展	李文朗 著
財經文存	王作榮 著

財經時論　楊道淮 著

經營力的時代　青龍豐作 著　白龍芽 譯

宗教與社會　宋光宇 著

唐宋時期的公園文化　侯迺慧 著

史地類

古史地理論叢　錢穆 著

歷史與文化論叢　錢穆 著

中國史學發微　錢穆 著

中國歷史研究法　錢穆 著

中國歷史精神　錢穆 著

中華郵政史　張翊 著

憂患與史學　杜維運 著

與西方史家論中國史學　杜維運 著

清代史學與史家　杜維運 著

中西古代史學比較　杜維運 著

歷史與人物　吳相湘 著

歷史人物與文化危機　余英時 著

共產國際與中國革命　郭恒鈺 著

共產世界的變遷——四個共黨政權的比較　吳玉山 著

俄共中國革命祕檔（一九二〇～一九二五）　郭恒鈺 著

俄共中國革命祕檔（一九二六）　郭恒鈺 著

聯共、共產國際與中國（1920～1925）　第一卷　李玉貞 譯

民族主義與近代中國思想　羅志田 著

抗日戰史論集　劉鳳翰 著

盧溝橋事變　李雲漢 著

歷史講演集　張玉法 著

老臺灣　陳冠學 著

臺灣史與臺灣人　王曉波 著

清史論集　陳捷先 著

黃　帝　錢穆 著

孔子傳　錢穆 著

宋儒風範　董金裕 著

弘一大師新譜　林子青 著

精忠岳飛傳	李　安 著
鄭彥棻傳	馮成榮 著
張公難先之生平	李飛鵬 著
唐玄奘三藏傳史彙編	釋光中 編
一顆永不隕落的巨星	釋光中 著
新亞遺鐸	錢　穆 著
困勉強狷八十年	陶百川 著
困強回憶又十年	陶百川 著
我的創造・倡建與服務	陳立夫 著
我生之旅	方　治 著
逝者如斯	李孝定 著
結網編	黃清連 著

語文類

文學與音律	謝雲飛 著
中國文字學	潘重規 著
中國聲韻學	潘重規、陳紹棠 著
魏晉南北朝韻部之演變	周祖謨 著
詩經研讀指導	裴普賢 著
莊子及其文學	黃錦鋐 著
管子述評	湯孝純 著
離騷九歌九章淺釋	繆天華 著
北朝民歌	譚潤生 著
陶淵明評論	李辰冬 著
鍾嶸詩歌美學	羅立乾 著
杜甫作品繫年	李辰冬 著
唐宋詩詞選——詩選之部	巴壺天 編
唐宋詩詞選——詞選之部	巴壺天 編
清真詞研究	王支洪 著
苕華詞與人間詞話述評	王宗樂 著
優游詞曲天地	王熙元 著
月華清	樸　月 著
梅花引	樸　月 著
元曲六大家	應裕康、王忠林 著

四說論叢 羅 盤 著
紅樓夢的文學價值 羅德湛 著
紅樓夢與中華文化 周汝昌 著
紅樓夢研究 王關仕 著
紅樓血淚史 潘重規 著
微觀紅樓夢 王關仕 著
中國文學論叢 錢 穆 著
牛李黨爭與唐代文學 傅錫壬 著
迦陵談詩二集 葉嘉瑩 著
西洋兒童文學史 葉詠琍 著
一九八四 George Orwell原著 劉紹銘 譯
文學原理 趙滋蕃 著
文學新論 李辰冬 著
文學圖繪 周慶華 著
分析文學 陳啟佑 著
學林尋幽——見南山居論學集 黃慶萱 著
與君細論文 黃慶萱 著
中西文學關係研究 王潤華 著
魯迅小說新論 王潤華 著
比較文學的墾拓在臺灣 古添洪、陳慧樺編著
從比較神話到文學 古添洪、陳慧樺主編
現代文學評論 亞 菁 著
現代散文新風貌（修訂新版） 楊昌年 著
現代散文欣賞 鄭明娳 著
葫蘆・再見 鄭明娳 著
實用文纂 姜超嶽 著
增訂江皋集 吳俊升 著
孟武自選文集 薩孟武 著
藍天白雲集 梁容若 著
野草詞 韋瀚章 著
野草詞總集 韋瀚章 著
李韶歌詞集 李 韶 著
石頭的研究 戴 天 著
寫作是藝術 張秀亞 著

讀書與生活　琦　君　著
文開隨筆　糜文開　著
文開隨筆續編　糜文開　著
印度文學歷代名著選（上）、（下）　糜文開編譯
城市筆記　也　斯　著
留不住的航渡　葉維廉　著
三十年詩　葉維廉　著
歐羅巴的蘆笛　葉維廉　著
移向成熟的年齡　葉維廉　著
——1987～1992詩
一個中國的海　葉維廉　著
尋索：藝術與人生　葉維廉　著
從現象到表現　葉維廉　著
——葉維廉早期文集
解讀現代・後現代　葉維廉　著
——文化空間與生活空間的思索
紅葉的追尋　葉維廉　著
山外有山　李英豪　著
知識之劍　陳鼎環　著
還鄉夢的幻滅　賴景瑚　著
大地之歌　大地詩社　編
往日旋律　幼　柏　著
鼓瑟集　幼　柏　著
耕心散文集　耕　心　著
女兵自傳　謝冰瑩　著
詩與禪　孫昌武　著
禪境與詩情　李杏邨　著
文學與史地　任遵時　著
抗戰日記　謝冰瑩　著
給青年朋友的信（上）、（下）　謝冰瑩　著
冰瑩書柬　謝冰瑩　著
我在日本　謝冰瑩　著
大漢心聲　張起鈞　著
人生小語（一）～（八）　何秀煌　著
人生小語（一）（彩色版）　何秀煌　著
記憶裡有一個小窗　何秀煌　著

回首叫雲飛起 羊令野 著
康莊有待 向陽 著
湍流偶拾 繆天華 著
文學之旅 蕭傳文 著
文學邊緣 周玉山 著
文學徘徊 周玉山 著
無聲的臺灣 周玉山 著
種子落地 葉海煙 著
向未來交卷 葉海煙 著
不拿耳朵當眼睛 王讚源 著
古厝懷思 張文貫 著
材與不材之間 王邦雄 著
劫餘低吟 法天 著
忘機隨筆
——卷一・卷二・卷三・卷四 王覺源 著
過客 莊因 著
詩情畫意
——明代題畫詩的詩畫對應內涵 鄭文惠 著
文學與政治之間
——魯迅・新月・文學史 王宏志 著
洛夫與中國現代詩 費勇 著
老舍小說新論 王潤華 著
交織的邊緣
——政治和性別 康正果 著
還原民間
——文學的省思 陳思和 著
窗外有棵相思 逯耀東 著
出門訪古早 逯耀東 著

藝術類

音樂人生 黃友棣 著
樂圃長春 黃友棣 著
樂苑春回 黃友棣 著
樂風泱泱 黃友棣 著
樂境花開 黃友棣 著
樂浦珠還 黃友棣 著

音樂伴我遊	趙　琴　著
談音論樂	林聲翕　著
戲劇編寫法	方　寸　著
戲劇藝術之發展及其原理	趙如琳　著
與當代藝術家的對話	葉維廉　著
藝術的興味	吳道文　著
根源之美	莊　申編著
扇子與中國文化	莊　申　著
從白紙到白銀（上）、（下） ——清末廣東書畫創作與收藏史	莊　申　著
畫壇師友錄	黃苗子　著
水彩技巧與創作	劉其偉　著
繪畫隨筆	陳景容　著
素描的技法	陳景容　著
建築鋼屋架結構設計	王萬雄　著
建築基本畫	陳榮美、楊麗黛　著
中國的建築藝術	張紹載　著
室內環境設計	李琬琬　著
雕塑技法	何恆雄　著
生命的倒影	侯淑姿　著
文物之美 ——與專業攝影技術	林傑人　著
清代玉器之美	宋小君　著

～涵泳浩瀚書海　激起智慧波濤～